Chronic Coloring

Stress-Relieving Coloring Pages and Activities
to Encourage Healing from Chronic Illness
and Inspire Rebuilding Wellness

Susan E. Ingebretson

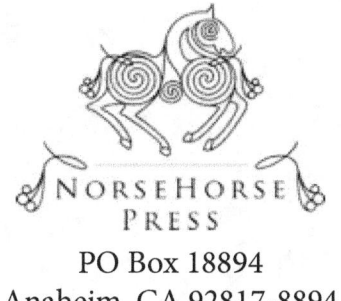

NorseHorse Press

PO Box 18894
Anaheim, CA 92817-8894

ISBN: 978-0-9843118-2-8

Printed in the United States of America

Ordering information: http://www.rebuildingwellness.com/

NorseHorse Press
PO Box 18894
Anaheim, CA 92817-8894

A few of Sue's thoughts on coloring....

As a kid, did you love coloring books as much as I did? I spent hours outlining, filling in, and shading the images found in my *That Girl, Winnie the Pooh,* and *Snoopy and the Peanuts Gang* activity books. The afternoon hours melted away as I focused on doing what I enjoyed.

I didn't know then that I'd still enjoy it as a grownup.

Even before I understood the health benefits of coloring, doodling, and puzzle solving, I adored this relaxing pastime and shared it with others. When I began my private health coaching practice, I intuitively handed clients coloring books and colors to use in our sessions. I often gave them as gifts, too, but was disappointed in my limited options. They featured simple cartoony images and the content didn't relate to my passion for health and healing from chronic illness.

I wanted a themed coloring and activity book that was more than just fun . . . I wanted it to be encouraging, positive, practical, useful, and healthy, too!

Coloring for relaxation has become a popular topic for scientific research. Studies focus on the benefits for those dealing with chronic health challenges including cancer, generalized anxiety, and PTSD (Post Traumatic Stress Disorder). [1,2] Stress-reducing therapeutic benefits of coloring include:

Mental Focus	Mental Clarity
Peace of Mind	Reduced Anxiety
Relaxation Mindset	Calming Benefits
Reduced Negativity	Creative Expression
Improved Problem Solving	Lowered Blood Pressure

Coloring and simple puzzle activities can induce the meditative, "in the moment" feeling. By spending time with this themed book, you'll not only have the opportunity to experience the benefits listed above, you'll also benefit from the exposure to the nutrient lists, positivity characteristics, healing protocol lists, and more!

It's my greatest wish that you enjoy the activities listed in this book as well as take the healing tips to the next level - whatever that step is for you.

In wellness,

Sue

1 http://www.medicaldaily.com/therapeutic-science-adult-coloring-books-how-childhood-pastime-helps-adults-356280

2 http://www.cnn.com/2016/01/06/health/adult-coloring-books-popularity-mental-health/

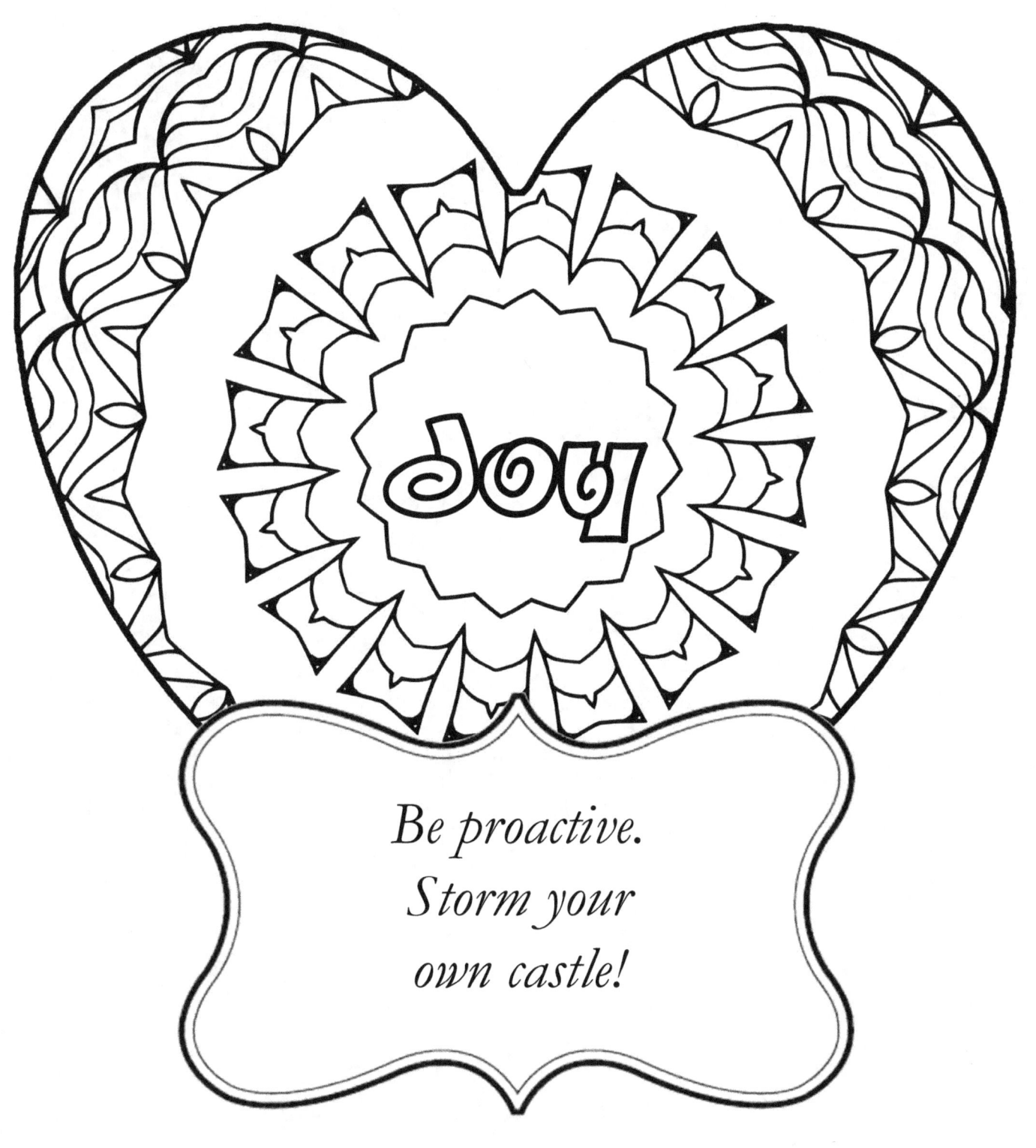

Be proactive.
Storm your
own castle!

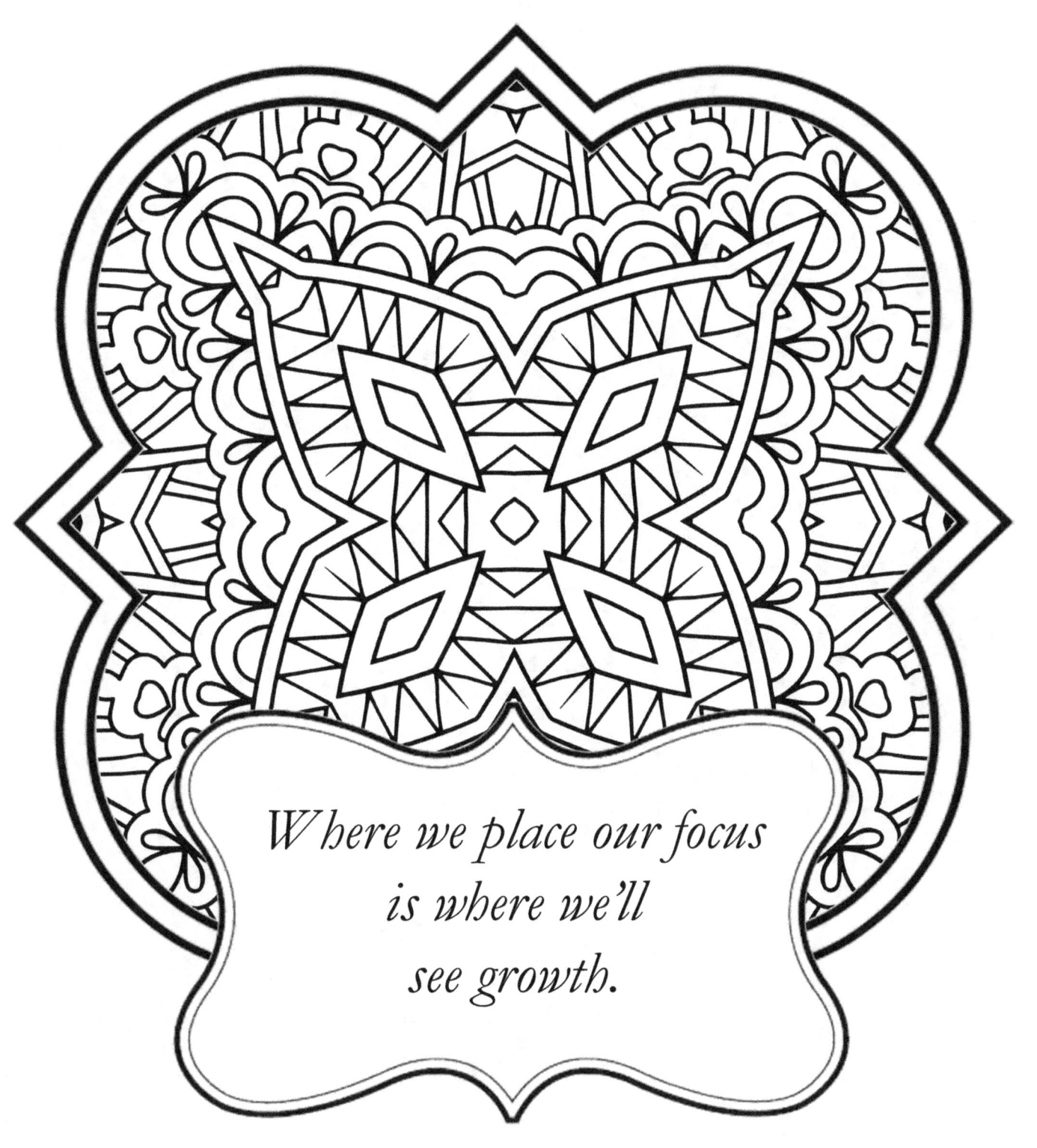

Where we place our focus
is where we'll
see growth.

Healing with Positivity

```
                    P G I G S X Z K P F
                  L R L A U C Z T T G M C V X G N
                T X H L T Y G T Y H I Q F C D B B F W G
                T L W Q O T R S T P Q Z T B E Q M Y U E O H
              A D D N O C E R Q O O C O U R A G E Y K T B O C R A
              I S X R I Z N Z Q E K P N B E X I G D Q R Y F H N J Y V
              Y Z D U T H A M B S W S U P C S M Z N U M M F T G Y X F G O
              T O Y U U T C Q U L B S E I A U C A G Z A U P V O F U C O N C R
              C A P P E I M U       E X L E S D U A       N Q B H Z I L H
              B U W E B T D D Y     S N V I T P S Z       G B B F X S K Q X
              V E Q J A Y E G R D   S O I L E K N B       N L W O Y S S G X C
              S Y V Y C S X E I E   L Q T P M N P R       O V P A Y E R W H J
              Y R X C W E M H R C T Q L F D P D C K       I O X C F L W J E F N
              L L A F R A N S E Z E I W F I N A J E       T H A F O B H Q M U Z
              Y N Q Y I D B P F H R Y N R X S Z H X       A T T Z G D L W L U H
            A R M Y I F L C I R Y M W K N Y C B T E       R I M U T T A C F H O L
          L J H T N E J O R E F I K V J N R Y E Z O D K U O X P F I A L Z F O N W W P R N
          T G O U T Z R M I S U N F C L G T F V M Q T W Y D P L P P F N C A Q J Q U Z I J
          B N X C I E M M T H D A J B K F B Z B Z V S M K G Y E Y S T M Q C V D F A C B Z
          L G J C W X A I U I Y T E R W Y S G N L S J R E E U O G N E P O H B A D T Y O F
          N Z K P B E Q T A N V I Y O E T K W J B Z O R H J J C G I J P K V M H K A U E Y
          O W A Q B R E M L G B O F R E B U I L D I N G W E L L N E S S K I L T S M L Y X
          M G J J X B Z E I P Q N B P O B S N E T F D U V R K A S B B X L T J Q M L R G J
          G P M Q L X   N T K X S U Z U Z O I F C D Z V J W F F P T J Y V H   N Z W E H F
          F Y T E A R   T Y Y E M Q T L S E M X E C Y O K W W W O Q Y Q D Y   X N J H V O
          C R B Y Y     N Y S K Q K M F O J H W B P M Y V H N E H S F Z       H I Y Q A
          T S T Z L     H S V P J G E O W V Y H H I I A N W E S C B           C K M D I
          C Y W F J B                                                       G P G Z E A
            X I V W E                                                       F A P S V X
          M C J Q H T                                                       H Z X V X T W
            V U X L E R                                                   D H W W M Q G
            G W Y M O A G                                                 C K Y P J S D E
              D M J Y J L I J E F X N H V A Y L J P G W W B T W G M V B Z G W
              A D H D M I W G W T B M D B E F L H C B Q E A I J W M Q V B
                Y L J F R N W Q Q E N C O U R A G E M E N T H X L A I Q
                X Z J S E G M J C S B A H F A P Z E K F G E K Q D P
                  E G V G N C U F Q F G J X X U V G H C K M U B G
                    U V T C I P Z Z O M U J S G Y N R M U A
                      G H R E J U Z G U U Y C C I X Q
                        L R H F Z B Z U Z K
```

HAPPINESS	INSPIRATION	FAMILY	SUPPORT
HEALING	BLESSING	SPIRITUALITY	DETERMINATION
REBUILDING WELLNESS	HOPE	FAITH	COMMITMENT
REFRESHING	LOVE	RESILIENCE	TENACITY
ENCOURAGEMENT	PEACE	COURAGE	JOY

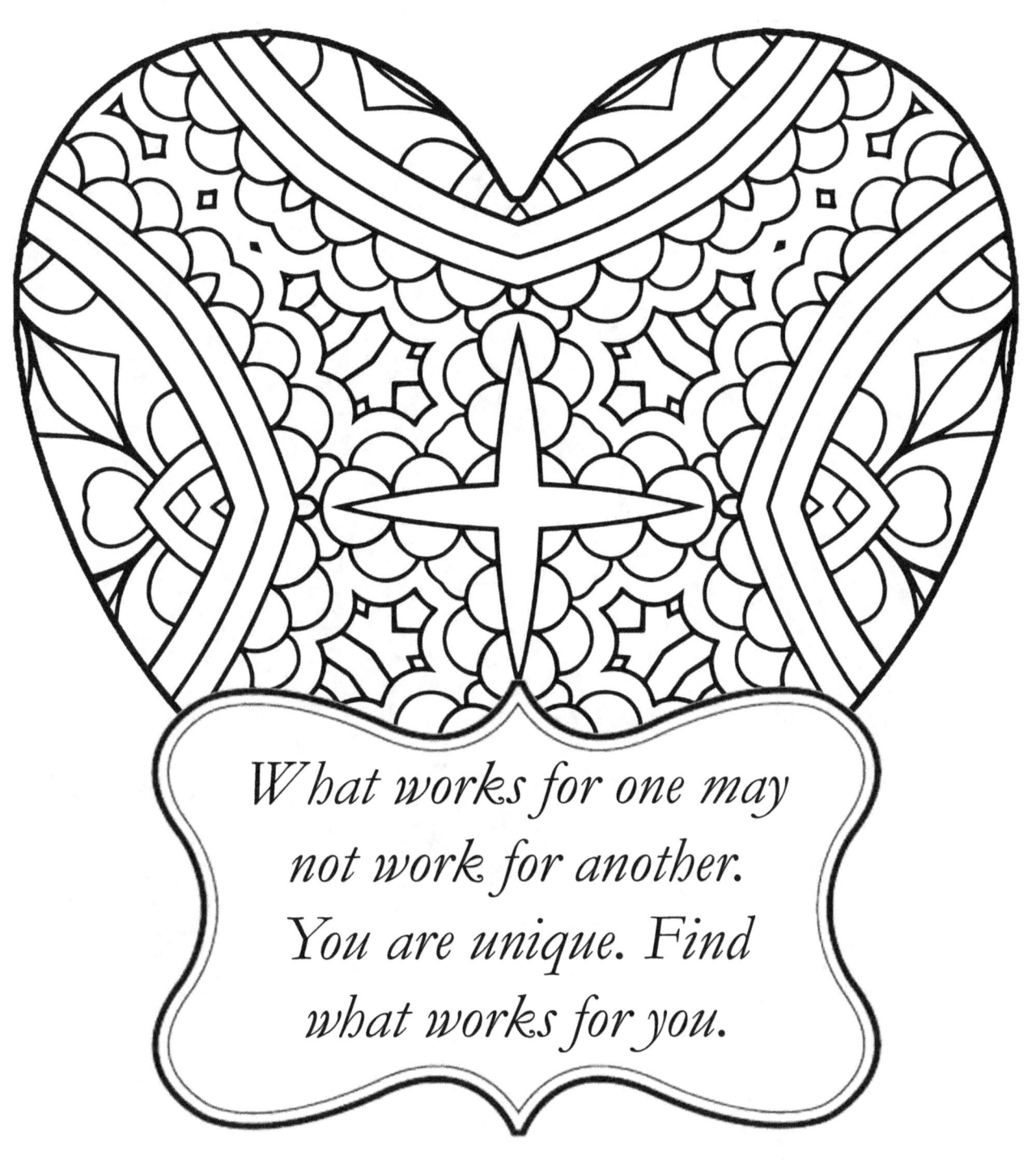

What works for one may not work for another. You are unique. Find what works for you.

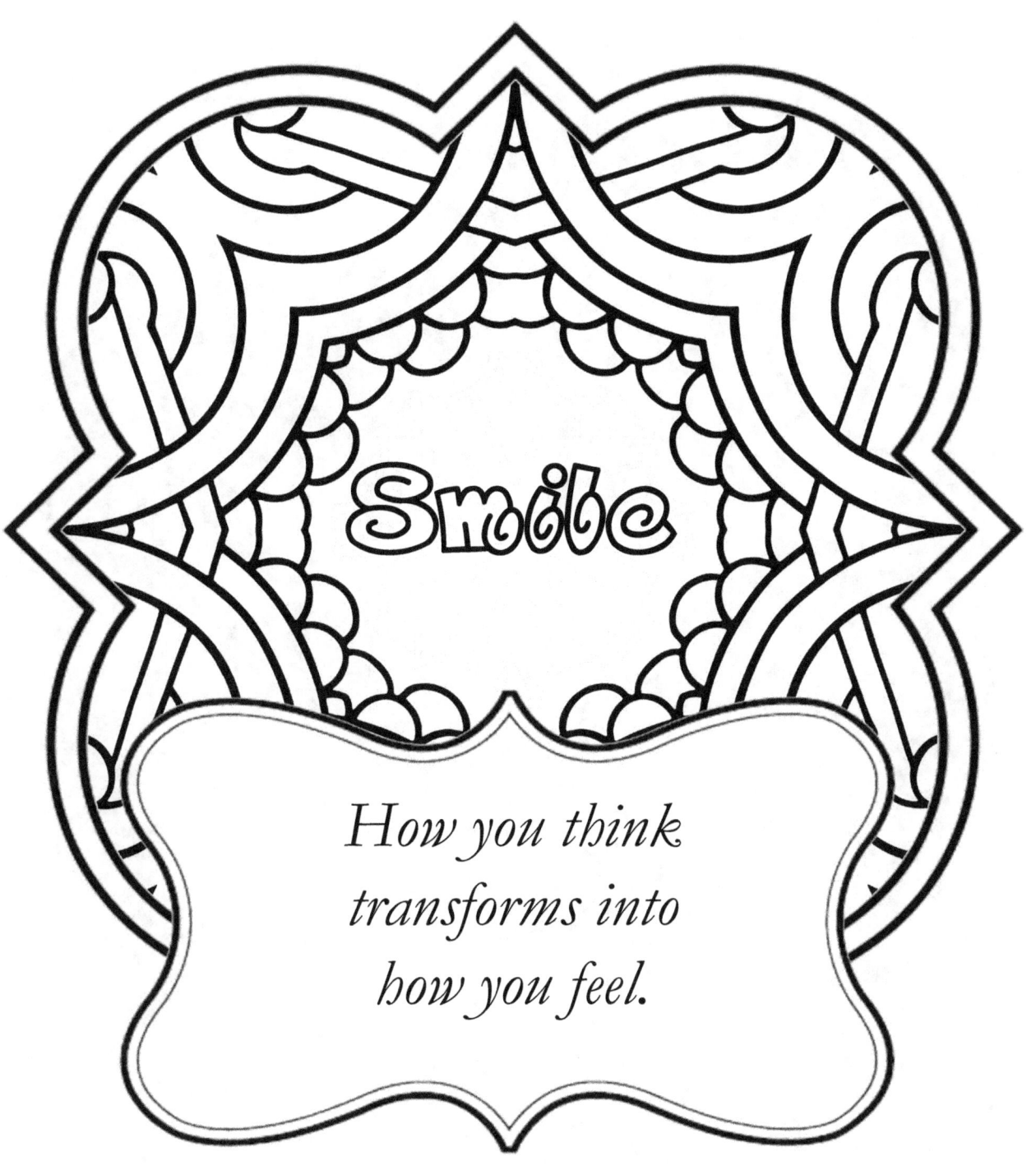

Smile

How you think
transforms into
how you feel.

Healing with Super Foods

```
                W I O
                T R W C
                Q D C R
                  Q I Q G
                  Q L J G
        R Q D L F P F      R A S Y        Q O N D G Z G K
        K F S M A J J Z B  N S N X O H X  M E I Z Q T F J G S
        E S E Z V U J H C E O A Z T A S B L C T X R B J T N Q D D U
        V W D L B Z L S A H Y D K Q R C N E X S J J M I F B C J Q D Z Y
        Q V E R M O A H H C B Z R F O I R F E R D Q B Z S D T D L G N S
        O L J T X N Z I S Q R H U P V Z F Q M L K E E I T P M B L T Y B U I
        I I Q L L A O A W A F M O K A H H B A K E F R A M N W N F G V V L E A G
        Q H C Y G S J F F L M J S O L T F L B N O H L T J S U T V F H J O A W F
        W W J E Q M G T E B K O L D M N N H W G L X H L V F A T Y G O J E L F C
        T I V R B A V N R Y T T Y P C E S G D I P H N U Y A O D L O F V P K U S S A
        J O O Z I X U Q D I N W H S W U E Y E W H K Z N B H S C R M H B R Y T Y T U
        S G D X J I D G B S R U Y J D Z M S K J Q M C I X G U B M Y O W M K O L A P
        E M H B E G M A L T S U L J H Y K N Q A K J X A K T V D O T I H N M C A C W E V
        V M K Z O I V I L U N V K E N O J H O Q I X T D P J N H R L D N C C U B W F C L
        D I B B U B X V B S L M A J I M F Q O P B H O X M K L V D Q O U V C K C B C H C
        W J R I N T T A G P E R L D A C R D B L X B C U U F K P U M J E N B L I F J Q V
        Y H C A N I P S U R L V E X O M A Q U Z L H J B P M O J A D S D A F E L A M M U
        Z N S E U Q Y L P O P M R E K C T E K Y E F G X F D K N G W V H R G T R K Y I J
        R C A O P E D V Y U P N J X O Q B J Y R B R F A Q Y N A F I Y I I F A A J Q Y W
        A R F S F O U E D T A Y A V I E V C F H V S N E L I D N Q O Z R U A L G E Q Q W
        F N I V Q J T Q N S E T A J R Y T C P P M I N H C Q D P G Z W C I O O P G X J X
        W H X Y W M A V V T N W O R A O Y A V U L D R E J I U L P R R H I T C C S Q R P
        H W H I Z H K B H J I D I X V E U F Y U X Q A F E V Q P G F O F W Q O G U J H P
        E Z R P P C M R O P E X X W L V J R E T F O V F R G S L M V V W I H I S Q E
        I E U T W V O A O S E G N O E L I F U N O P T D F G A E Z N T I W C N A N L
        G J W W B H S C R W Z L Y E X P F W U W H G Y N S R O I S O B H G K G S C C
        V S H M M E V O S Z H K G S Y A F P M X D C P F W D R O W R B U R E B S
        I Z D A U S V U N C P R Q H W K I F X T V J R L K G V C S K W B A R T J
        M B K Z N E F Z U C T X T V M J E U P F N V I L F L N I V P V D D T
        X H X X L W F G T U I T W A C J U J X M O V H L N T H M A T T O X
        X F E T F H X I G O Z T M A C A P O W D E R D B I A F B O Z Y Q
        K S D E A S E S Z I B Z B G M T F F P T E I G A J W Q Z W W S
        L M B O F W G E V M L Z J T I K N G I O E T M M B H W A J X
        F G I W S    Y Q I O M D V X D C O X B    Q I M T S W
               S V W M Q A S J U C Z
```

SPINACH	AVOCADO	BLUEBERRIES	GARLIC
KALE	GINGER	OREGANO	CHIA SEEDS
CINNAMON	CILANTRO	DARK CHOCOLATE	MUSHROOMS
SALMON	MICRO GREENS	MACA POWDER	PINEAPPLE
COCONUT OIL	SPROUTS	PUMPKIN	SPIRULINA

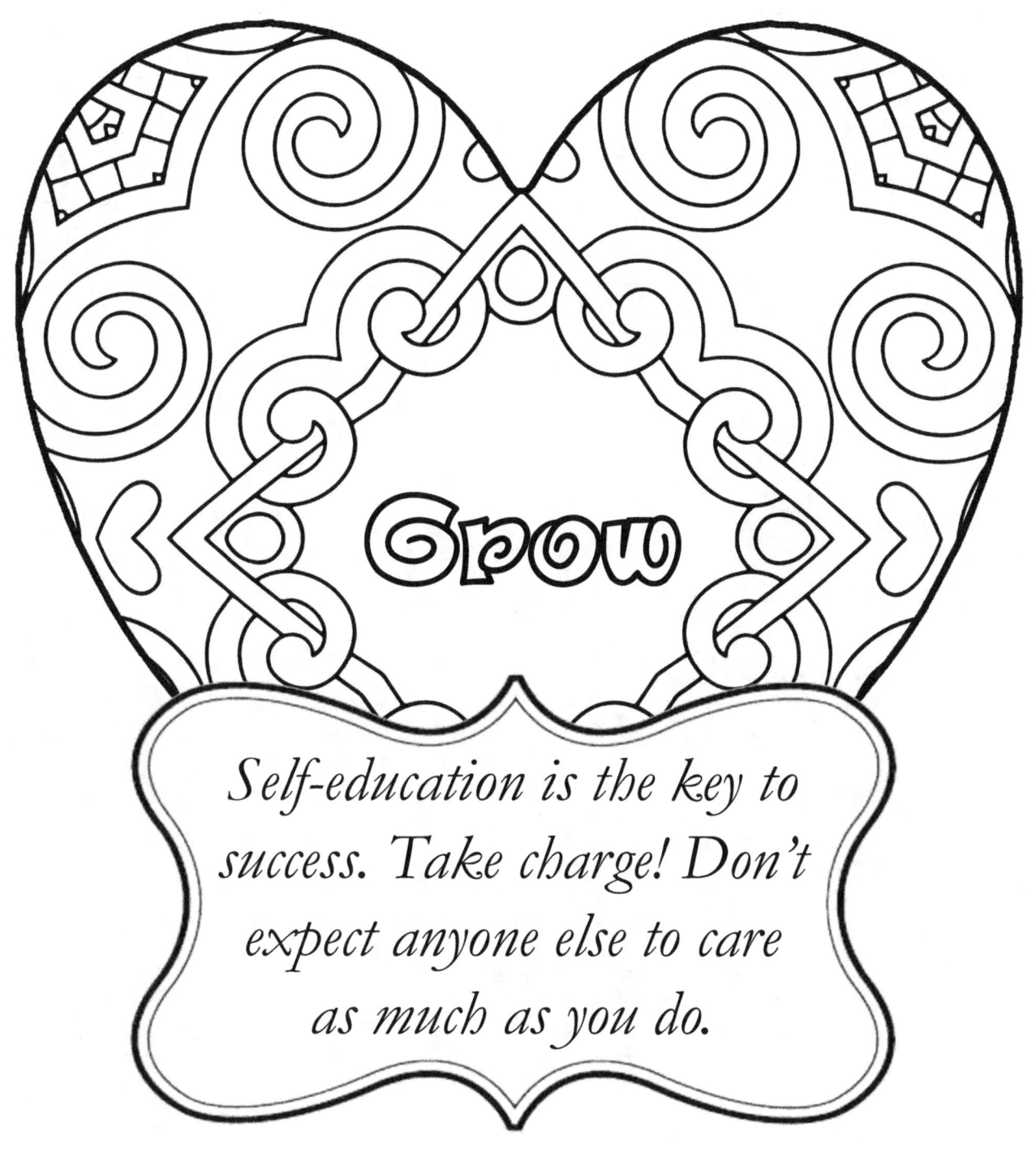

Grow

Self-education is the key to success. Take charge! Don't expect anyone else to care as much as you do.

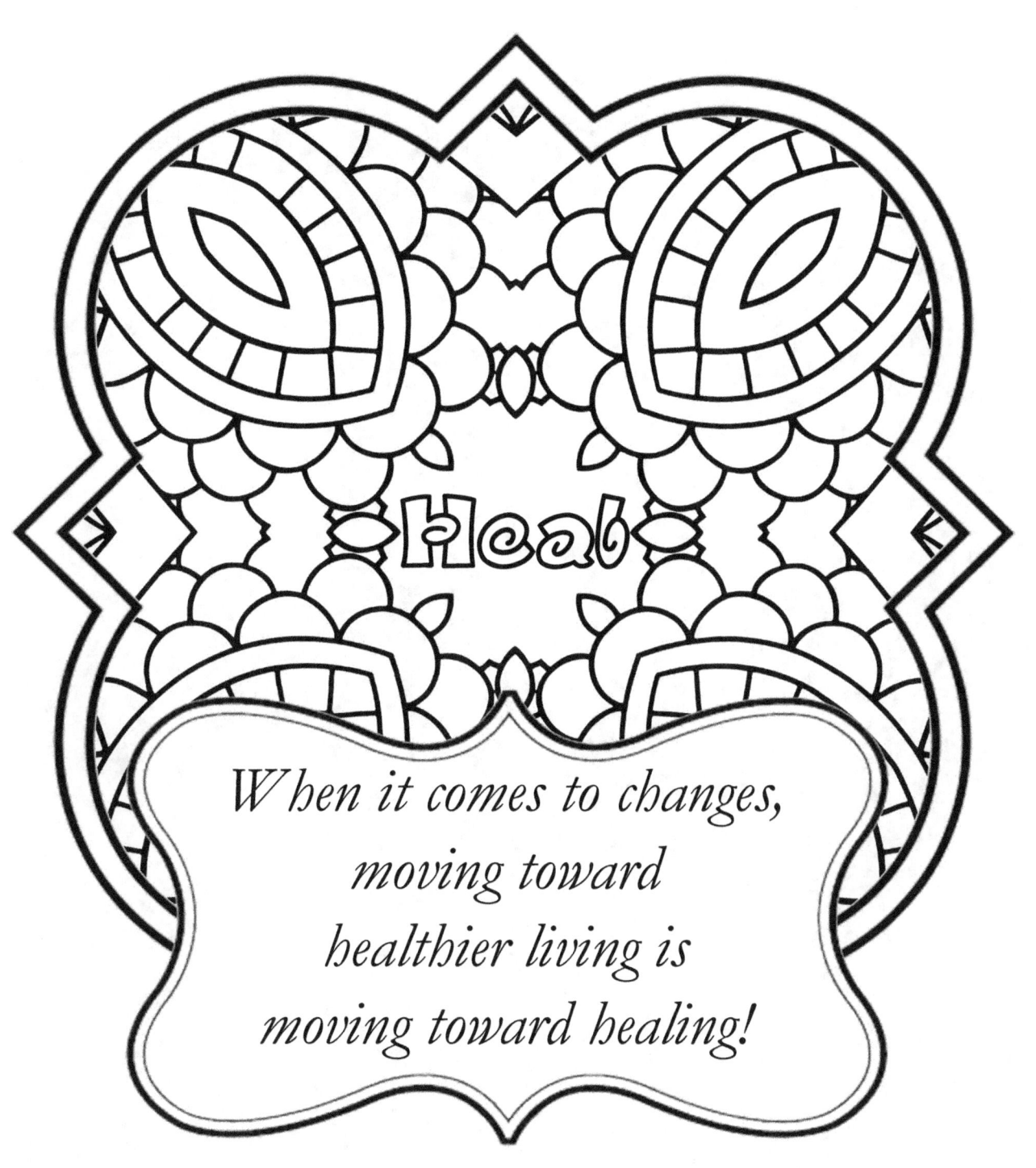

Heal

When it comes to changes, moving toward healthier living is moving toward healing!

Healing with Veggies and Roots

```
            W O Y T A N                    V M P D J U
          N E Y T F P K D C E            T K G I W I R O I Y
        G R Q O A A B G S L P O        X D T E T C D J A W A Z
        X T F R M J V Q O B J G R    Z H W X W A I O F C H F J
        P K F M O N W X C F F Y R    V W Y B M E O E R P W C W
        R C D T T N S B T P O P A    Z T D A Y F P X C U A Y S
    N F S C   L M P B B F H W M B O I    N A U I M W Q Y Y U X K   S C V T
  A A S B M E   W K L B Q K I E T T E    M E Y J R R V E L A D   B N I J T L
  F E I N C N Z P E P E J D O M Y K Z    V Z X R D R D Q D T I N C D A W N C
  U O A V G E G A B B A C R N I R Y V C    R H L F K L R W X J V I F Q S K S L B
  M V X U J D T S S C Z Q V Y S H F G P    E G F W P Y S M A Z W L U K A B H M M
  D K I T J E C H M O F C H U C O E Y Z    I U A S P A R A G U S U H H F W J V M
  J M Z P N Q G O W Y M J S Q M O Y G Z    B R U S S E L S S P R O U T S X N V U
  U A E G F W X H Z L B U E K P B U H W    J O X X R Y K B A E K T Z B U U F Y E
  Z Z Y T M K A L H K J F P X C J P V R Q M Y C C G H D B K T N G F E A N Q Y V T
  X F Q G C R J Z J U V K N W X H S F U R W F M I V Z P S E G G E W G N L X F
  P Q R I M X J U D L J Z D N L D T L N B M V S E O T A T O P T E E W S S H Y
  Q R B O Q D S E K R D J I J S E A P N W G Q G P W X L D S H B L P G L N
  W W Z B K W C N Y F Z U L Q G R W G Z T S A E P P A N S R F F V P Q
                  U P T R I I U I P M Y S
                  I B J M C W Q S F I P L
  C M Q M T H P S G I R X V H U H I Q N Q I M D H C B D N C T I W W H
  Y H E H A J H B F Q S J D O J H W L L A B C N E J E D Y C K N W B D Z U
  B K O R L C P W Q I O F S D Y Y S A J N E N A Q I H T T O X A D Y R G I L G
  A A B F P E S P N H X Q M V V Y K X Q Z B Q Z Q G N I A E O A O Q O D I A X
  V O S Y U T O R Z Y S W Q W Y A E M S V Y N L S M M M F A D K O W P I K L R L N
  Y Z Z I P W P P Y V R H A K T K Z P M    E G B E Q A T D N K U M B C M O I Z V
  M Y Z E D F R L Z L R L U Q A G I Y A    E G L D P D A B K M G K L O K R U V U
  F C P C A G H U B F Y R D Y J N N V U    R F L V G O D C A U L I F L O W E R Y
  Z O I D L K E C U T T E L I A X I K J    G V I A A I S J C M D D E F P A E U P
  J M F F C T B U G R X E N C V S H R F    H F G S N E E R G D R A L L O C I P H
  C A R R O T S D I N D H V D H C D F    V G P W X G P I J K D Z F C P L V Z
  Q Y S X D K   U H V H I X V O C E S    G Y P S R E P P E P C   H T O H U
    X Y C P   Y L K D P X D P R U V P    X P F M V V B O P S V S   C Z Y
          S U X K S Q V D U S Z A N      Y M E T I G I N X Q J X C
          C D I O F T I M K Z F R R      S N I J E V L I T I J O A
          J I V G I T N N P B B H T      L K K V B Z K O V D R U U
          V J S C G H O B U S S C          L N L R S A N Z B H O W
            I E C X B C X B T D            U J D O H T A G H N
              Q K L W M X                    S R Q U P J
```

ASPARAGUS	CARROTS	JICAMA	SPINACH
BEETS	CAULIFLOWER	LETTUCE	SWEET POTATOES
BROCCOLI	CELERY	ONION	SWISS CHARD
BRUSSEL SPROUTS	COLLARD GREENS	PEPPERS	TOMATO
CABBAGE	GREEN BEANS	SNAP PEAS	ZUCCHINI

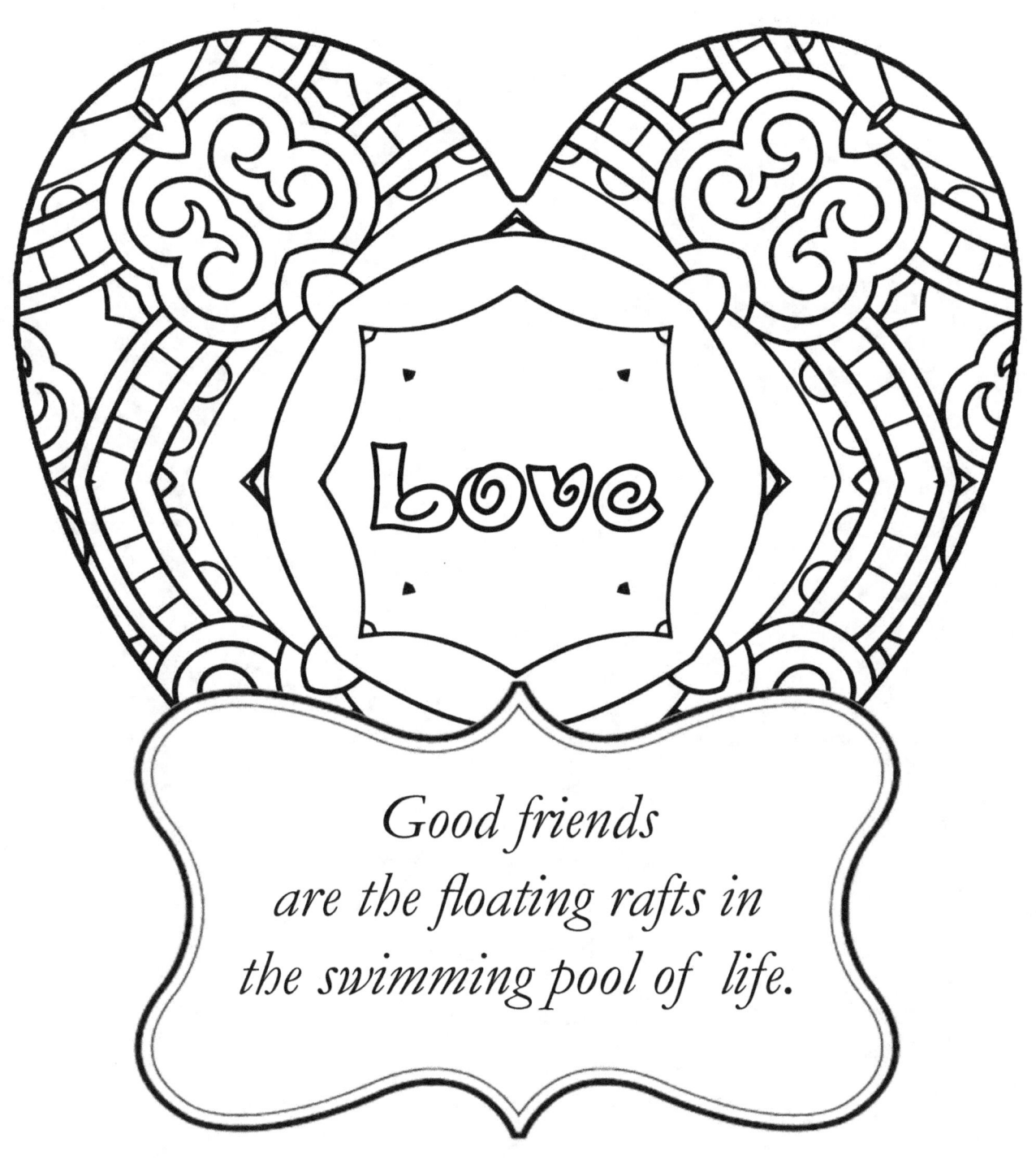

Love

Good friends
are the floating rafts in
the swimming pool of life.

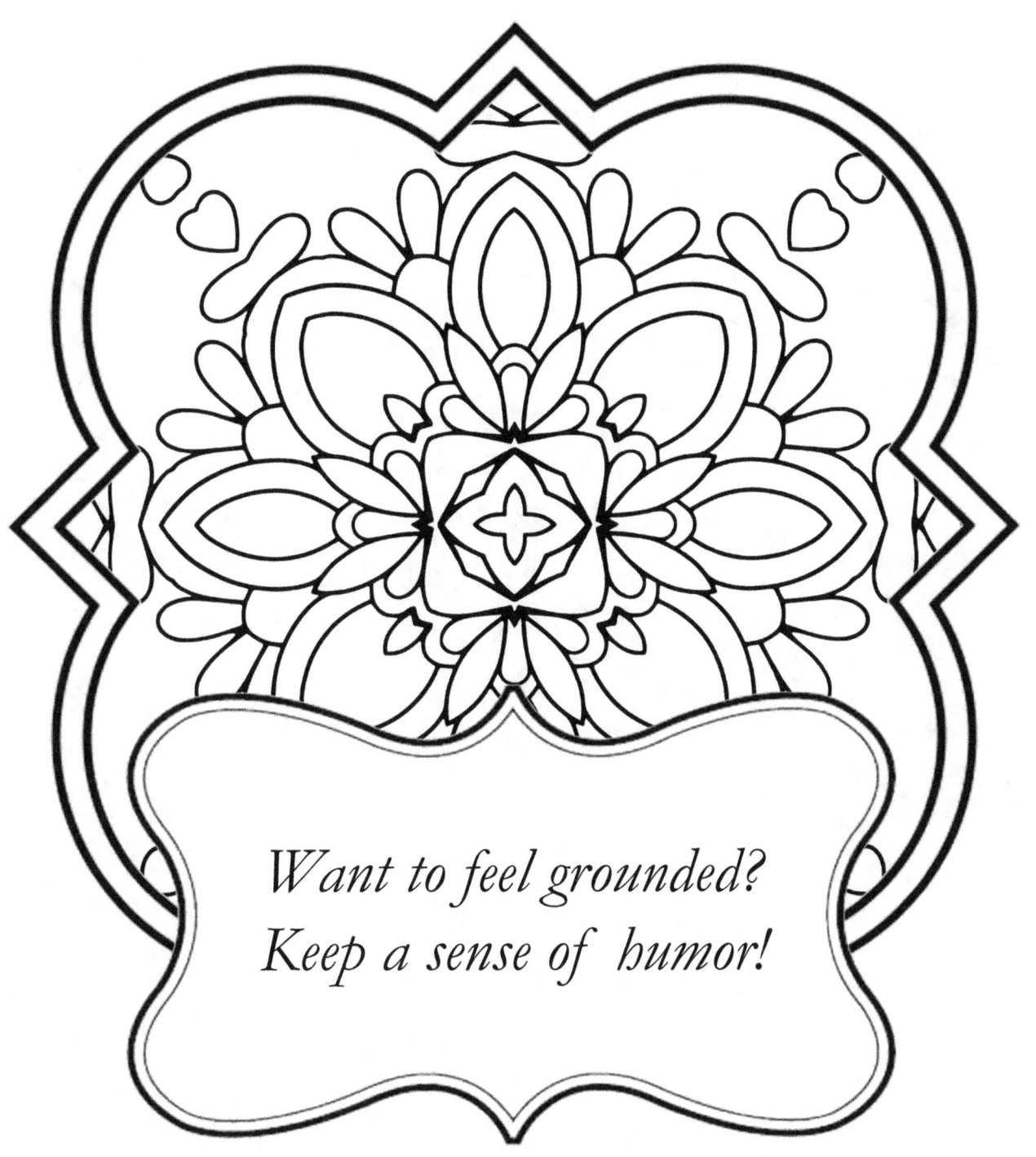

Want to feel grounded?
Keep a sense of humor!

Healing with Healthy Fats, Nuts, and Seeds

```
                    P U X O E N A D O H
                K F L S H X B S N H B Q C C X H
            C O Q K G N Z I E M I Z Q T J F G K T S
          Q W X O D S S F S M A S W V D I S G O Z E I
        B G A U K Z A A L A D L U Q O Z P Z L W Y Z Q E I Q
        V M W X R I Q J L M M M T H P P D P Z L J I P X F L W H
      X O X U N K F C R E E O Y B X L T I C W K L G N S E P B F D
      O X I H R S X Q S S F N W E C G G C N P L W J S F H F K V I T F
    J L F P A D V Q E W D E S H I P X D U C X O C X J T Y T T V Q S
    T O B N F F A N E F B H B P A R O J E N U I I W C L K U K M X C Z B
  H Q X Y P Q V Q D P U K L Q D Z P O B Q T W O C R Y R U N N U K V F X S
  T E Y T M G Q S F T V A U H T Q H A T F I F E E F F L X H H O I Q O C V
  S Z A K C I A E N T F E V Z K O L V Q I S B E W A R T J N R W E C T O P F F
  Z S W K S K D Q E M N V A V F X O H B S P Q O U O K M P I E M J P O I U X S
  O N Z C G C V R R N V T K E N C V Y T T J L G D U I C A Y T I I E D C R E W
  J E B M R Y N T X I M W F H F A C B U M Z F J U E X O V C X F S P V O R L X W Z
  I Y O O S L V N I X D A N M D D E N A M N X H R U L P W F K T Y C B V C Z S X L
  X W F J D T A P V H T S H O M E L H G U G D D I S K V D B A Q I Y V Y C X Y K J
  L K C S E Q W L N S A Y O Z I I D S S M H U E D A F S C F L H D I N Z Q P O M
  D S E Q E W C F N F F I P Z Z C S S B W H L L F L D F H M X J I J P Y Z Q K O R
  Y S C V S O D D B P L G G A Q N A U T A V O C A D O I N T O L R N Z F N O F V D
  H Z H A N K H V M X K L R L A V T F M L M N X V Z O C K Z O I V S I G D C K D X
  U J K L I S V B L R K B J C J F A O L Z H S E V S Y L Z W U O E B R H R A F U T
  V H U M K C P K O Y S F E K J S R E G O E M U X H Y T V J R E L H B V Z S X S W
  N K T O P Y U O K V A P C G S E O V Y E B S L I O A G E M O V K O C Q T H I I P
  H X N M S W Z S A F E V R B A R V D V Z K I W H E N J H Y I U E N D M E R M
  I P D U L B K U F C A K B A R I S U Q S W J V I Q O G W B L R C U J A W L V
  A I F P T U B F N F O Z E W E W I R R N P B R P H R L O L I V E S S D S P W
  R V O G Z Z K D Z T C Q R D T U H P L K G D C H T K Z X O G U Z H Z F W
  U J B A F O S B U X D O A S K O L O C X F E Z F U C H I A S E E D S Q O
  F U U N D G Q J U M W N N H I U F A L F D C U N U J V Q Z L I T C X
  O J J U M S Y L X H T A U A H A Q Q Y N V X J L Y E S F R L N Q R D
  A O D L E Y D L S R G L T L I N G Y T F M S A X R A Q B A H Z G
  O K O W D W X X A C E U C B D S H C W Y U W N X O W Y L O I
  V B K T A J R N N L A X R X D J I I T J V A L R V R W I
  V B T A I M A D A C A M E U S D K K F E C U T E D C
    K F W Q X R P Q V N K V A E P U S J X Q R Z W M
      H W U C O J I E B X Z M O D J Z W D P S
        H H Y U Y Z P B H S O D M S Q I
          Y Y U F W D D N E D
```

AVOCADO	WALNUT	PECANS	SESAME SEEDS
AVOCADO OIL	FLAX SEEDS	BRAZIL NUTS	OMEGA OILS
MACADAMIA	CHIA SEEDS	PISTACHIOS	OLIVE OIL
ALMOND	CASHEWS	PUMPKIN SEEDS	ALMOND BUTTER
COCONUT OIL	OLIVES	SUNFLOWER	COCONUT CREAM

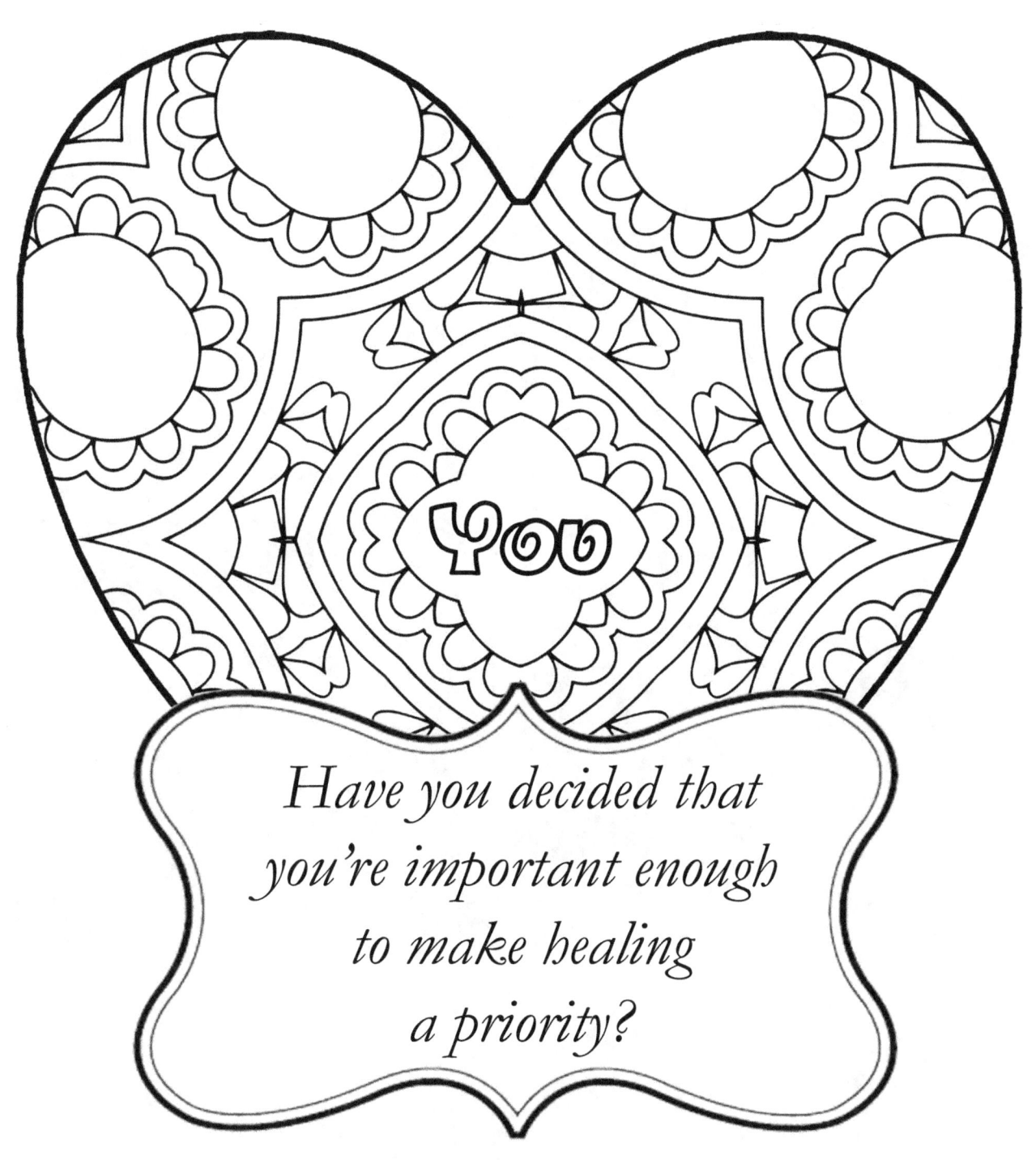

You

Have you decided that you're important enough to make healing a priority?

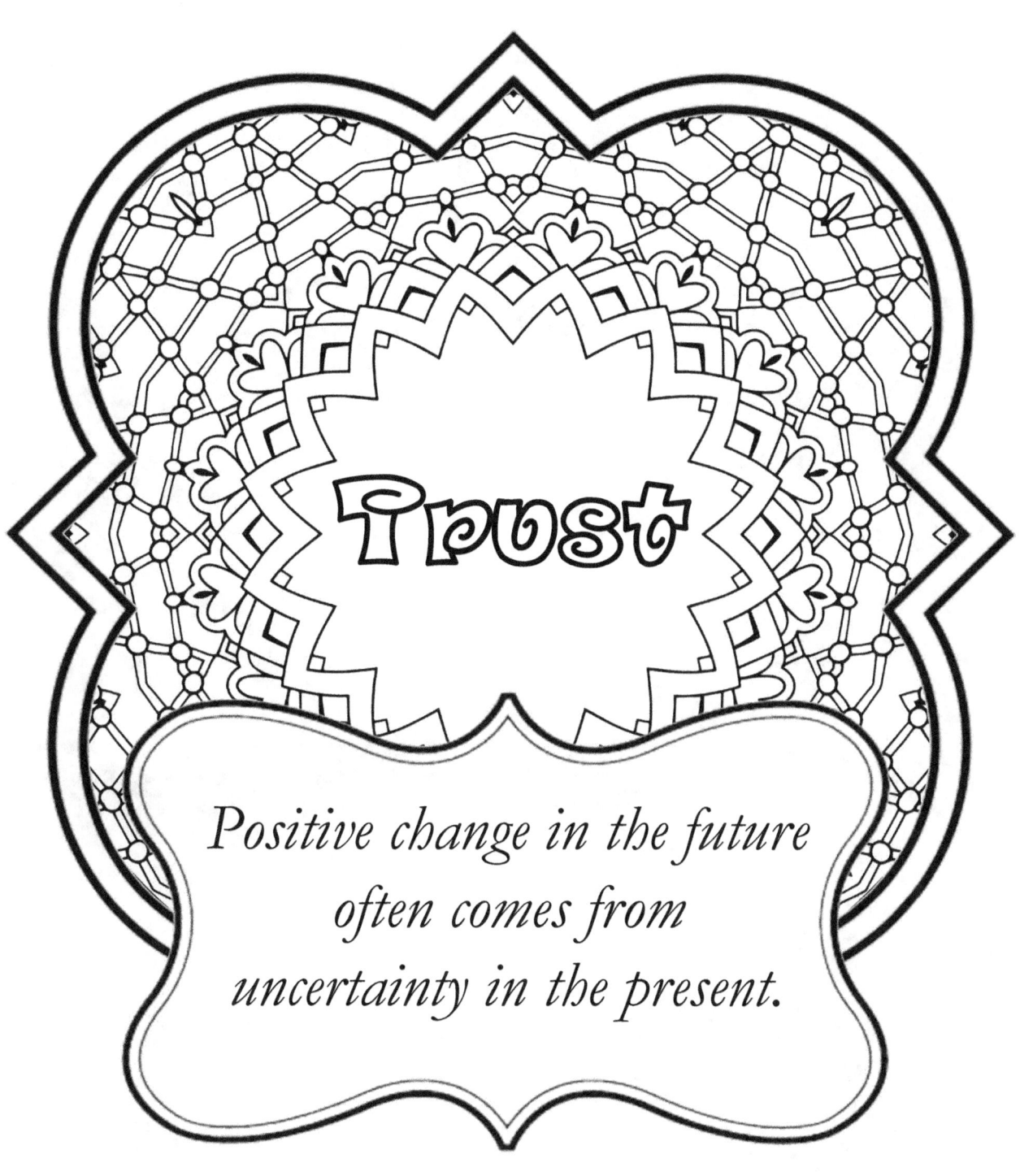

Trust

Positive change in the future often comes from uncertainty in the present.

Healing with Essential Oils

```
                        G
                      Z C P
                    R H V E X
                  B P R C M H O
                P V H K G X E J M
              M G A P X T S J Q T P
            Q C Z Z C B I S S W M S R
          M T I P G V F F O A A H M Q H
          R X G S U I O X E R F R R K B R J
        F L D J D X O L U F W I B E G F B C C
          Z M G T R C P F Z F O D N
          P Z L R C Y R E R G W E X N O
        I O N S H Z V Z H R R Y M T S E M
      L Q N T Z P A F Y I L S I C A I C V E
      K V Q P D D D O O W L A D N A S U H R A L
    E G A T A C U E L A L E M O Q W N C L W C L Z
    L I Y P U U F R A N K I N C E N S E E Y N R B H Q
  X Y A H H Q O G K X I K I S I Z H W T N I M R A E P S
  H N W N P G R A P E F R U I T J O S Y V A L B H A B B W E
      N S I T N I M R E P P E P C V W I A D
    T K H S A E F W U X A V H L H A I M K Q Z
  Q X Y C A K N N W S U P M L G X R M E R N F U
  V S K O G H G O N E E S Y U L E M O N L P Y M S R
  O B O E O A C A X C J Z G N A L Y G N A L Y V R H T G
M B Q X Z B E R G A M O T B O B P N E E R G R E T N I W T
C B M E A Y R A M E S O R U I C Z L U K R G J X F E F U F U J
N L W Q E C U Z D H E L I C H R Y S U M E N Z G C E D A R W O O D
Q E X W X T P G N M A S U T P Y L A C U E H G Q T T K N W A G G M L W
                      L M X
                      O V P
                      R G O
                      A T E
                      N D Z
                      G B C
                      E G A
                      V B E
```

BERGAMOT	HELICHRYSUM	MELALEUCA	SANDALWOOD
CEDARWOOD	LAVENDER	MYRRH	SPEARMINT
EUCALYPTUS	LEMON	ORANGE	WHITE FIR
FRANKINCENSE	LEMONGRASS	PEPPERMINT	WINTERGREEN
GRAPEFRUIT	LIME	ROSEMARY	YLANG YLANG

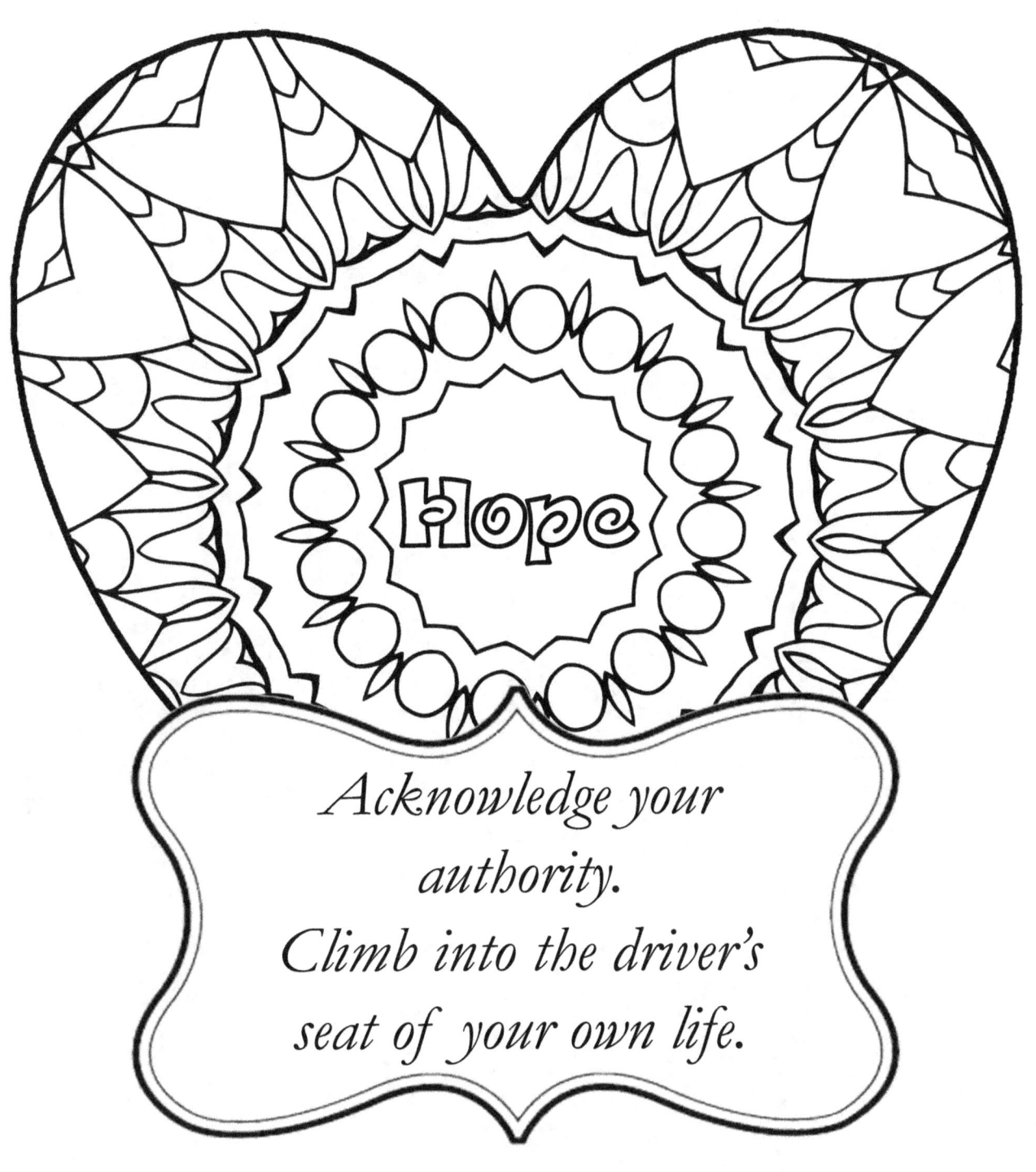

Hope

Acknowledge your authority. Climb into the driver's seat of your own life.

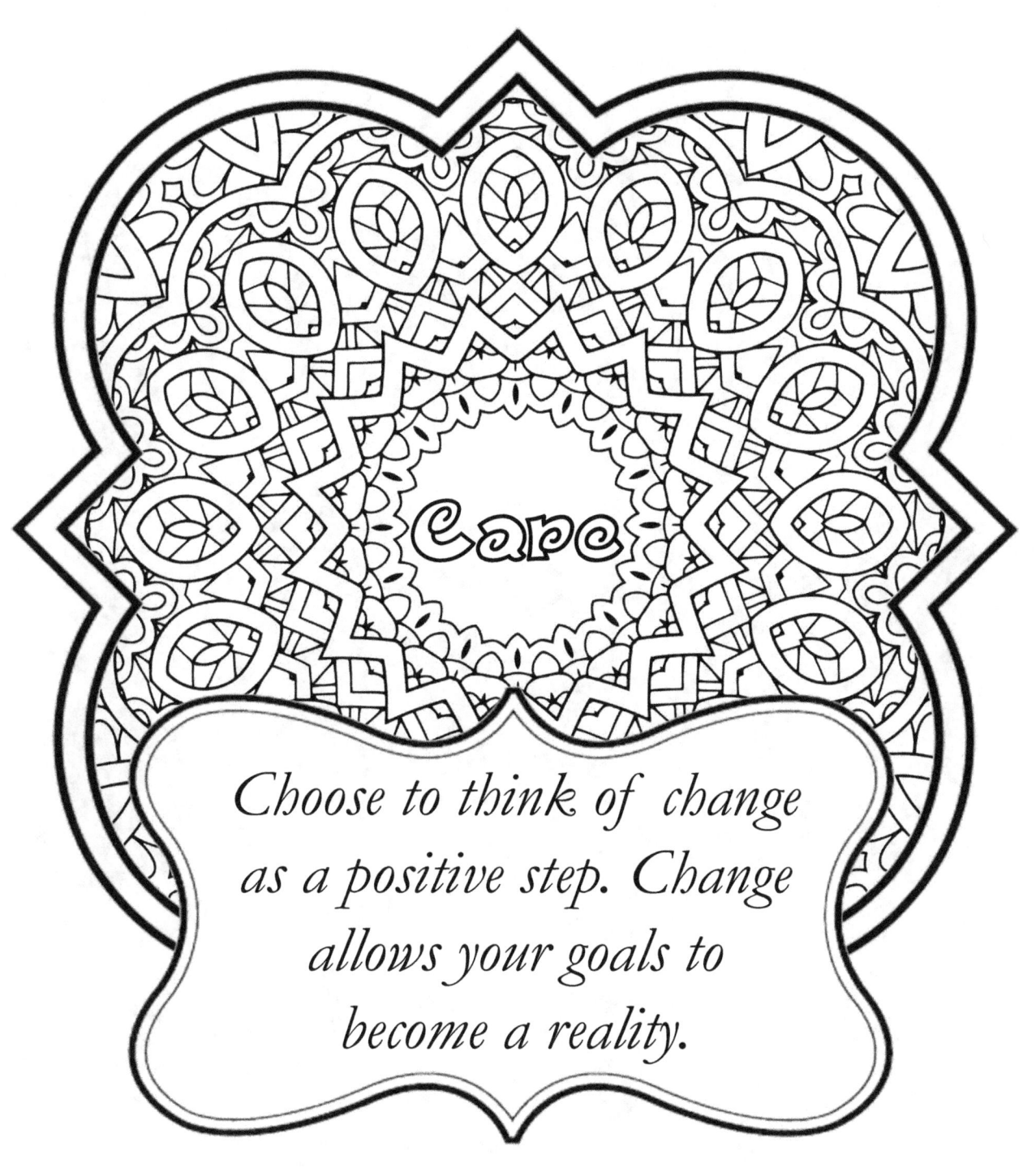

Care

Choose to think of change as a positive step. Change allows your goals to become a reality.

Healing with Self-Care

```
          G A E J K N                              V R K D J E
        T V J J B I M D C                        O W G F N C J A I
      H H Y T A C X G T E Y                    G P B E J R G S V G B
    E B P U Z Z L E S Q E O B                B N X M W M Q L D W K T V
  U D H P T Z P Q N Q G Z Q A G            V P F J S Y T C E N N Y A T F
  P A D U M M U V V E T T X J J            Q E P G H P E U R E I N B O G
J F F J J W X Y T D R M C D G V O        T B G Z P F A R L W I M I Y L H N
E E Y B A Q C P N T R N V O U M E H    H O R A H N F R B E O R E J Q F W O
V P M X P A K A R C P A K N U G K K Z K A L R T O I E A M W F D K H W O F
C Y K O Y P A R R P C H W P F Q U Z L B Z E D B V D H N F W T I I B S R H
I M A H U I R E Z K K G Q R D V Y G R Q K W E X X F T V I B I T M T T E
C A U D P B T H U E X F R H O K Q K K B I K N D K J E F S J S A L T T S U
C U H P A O U T D L M O P T B F Q G I C W A I O I F G B S H I T B X W B M
O U R Q C P Y A C H A F J L P T T E N J F U N N M T A H U P V I X T J O W
U L R Z D J S M Y L A D V O E Z W I O H F O G W H T S E M G A O H D J K T
  E U T X L N O I T A X A L E R N E Y A U F D P H Q S G E P E N L X D X
  G V Q H S N R C R Q N A P S I U T V A M S S S S E A X D V G I Q Z I H
  O H R T C E A G G V J D L P H O O X H P M A F B J M J F N Q X O A V W
    Z P E O O G A C L H P U A F R N L V U L Y D X B P E I L Q P B L A
    X K C R Z R A W C M L V N I E Q M X T I L O O T E T U R G C R L R
    K C G I V C P K N K K T E H Z Y S T A K A Q M F A Y B N T J V
    W D X U T D O G S N E A K D X O W F G L Y S A W X Y K I M K B
      F I G I F D Z N M Z C Y M A U S O N A R R D F Y L X D O S
      D C D J D M K U I A O M K N T Q W I W C N Y D N X L A O K
        V D N C E S Q B R D B J N T M V L E K F U J E G N E C
        H M Y I D R I F O X J L H X Y A R V K P O N Z X R
        H K C W E I S E T L W I G T P N U W C X I H D P Z
          A G I T Y M S K L O T N S E R T Z A H C N P H
          S K B O K A E M Q C I K B U A J T D X Q D
          R O R T L G P W B C Q C O N A W J F M
          L Z X I C E U P N L F J E B Z S C
            X O Y X F R F A O H R J M H V
            B E O D T Y D S B H K G D
            E Z T R S M P M G Q T
            D Q W R E B V T T
              H P E F S A M
              D T I Q H
                G D B
                V
```

AROMATHERAPY

BATH SALT SOAK

CATNAPS

COLORING PAGES

CRAFTING

DANCING

DEEP BREATHING

FAVORITE MUSIC

GARDENING

GUIDED IMAGERY

JOURNALING

MASSAGE THERAPY

MEDITATION

NATURE WALK

PAY IT FORWARD

PUZZLES

READING

RELAXATION

SPA DAY

VISIT FRIENDS

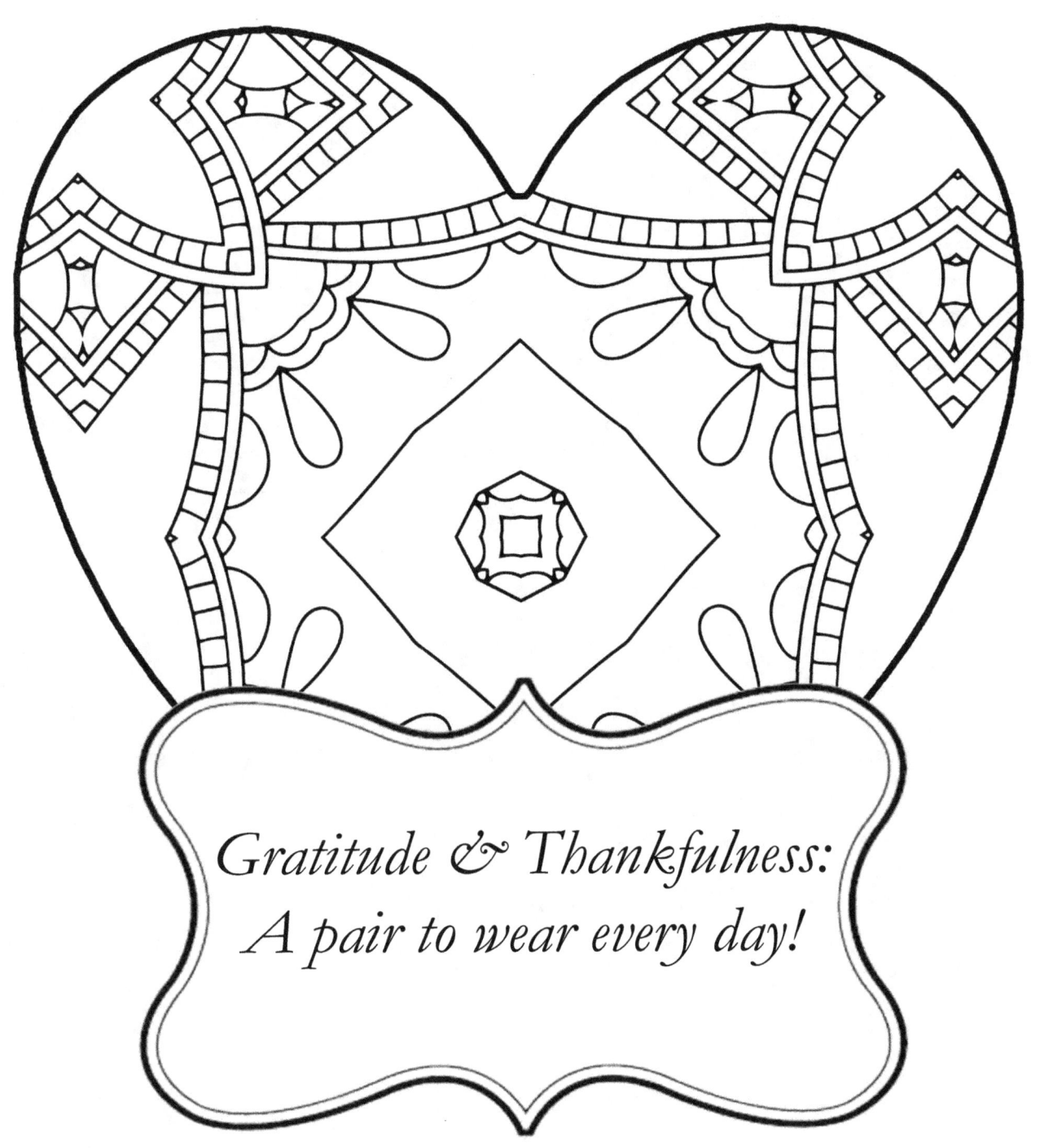

Gratitude & Thankfulness:
A pair to wear every day!

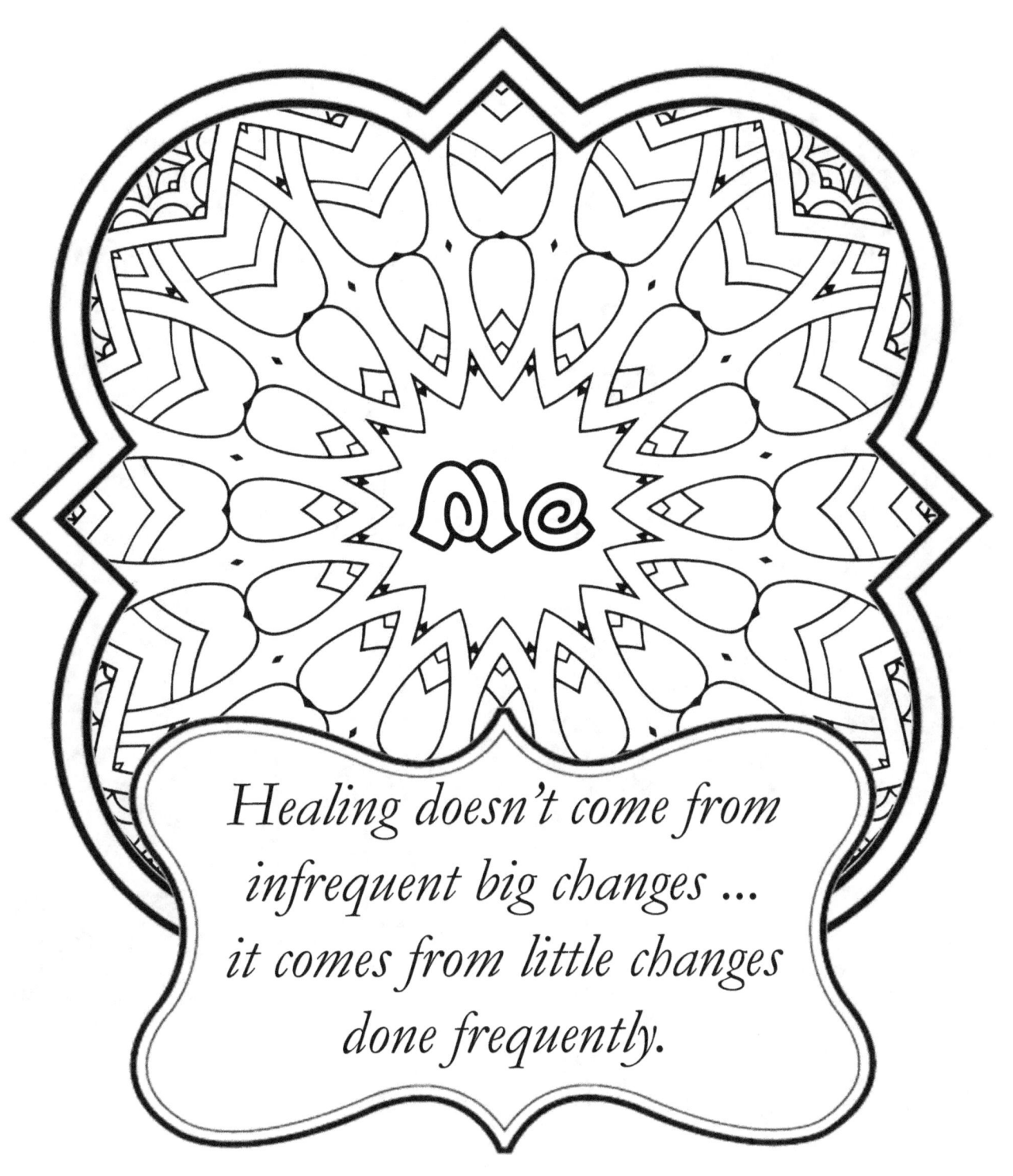

Me

Healing doesn't come from
infrequent big changes …
it comes from little changes
done frequently.

Healing from Chronic Illness Symptoms

```
                              X
                            H I G
                          O A Y Y X
                        G S G Z G H R
                      R E C I S O R T V
                    D N L M J P Z K E T B
                  A I K B B U L B G H N C Q
                L A U D G O I S J D F Z E C Y
              D R E N C U F K L C O V U G W E R
            N G Z K X R F D C P Z L I L C C O S T
          P I U F O C I D Z W H Z I E N V B D L D X
        W M B F U N L L S K E Z I E N C T Q U W G J X
      F B Y L T A S Z I S L C W R I Q S R P Z I A B F Z
    E T H E H P R T C K W A P F R R C O O A A E I R L O Y
  Y X S Y F F Q A H K P H P N R I E J R Q M M I B M G A S M
N B S F F H B R X N J O L T U I T Q B X Z N N P N E T Y H T S
T G I G O C N O P M K U Q V W Y A A R G G Z G M I S M E L R J X C
I I O F J O Z G L P W T U Q S E A H B W Z M N G N I A O X S T I Z H W
M V G J T Y D G K K Q D Y J C I I C G L E A K Y G U T A R A A I E P R E P
  H S Z A S           G G N E W           N Y K N T
  T E W E Q           H Y I B I           O L W K A
  P N B T N           T I N O D           X O L J T
  A S V L G           C M N W E           W S I N T
  H I O U T           O O I E S           E S M R H
  X T V F M           N A H L P           T M L U H
  G I M Y V A Q O M A F C U T S R B Q H Z C C Z H O H Z
  X V L N A E S O N Q Z E R Q Y E T N Q V N B K H P O Q
  Q I E L G N B C Y T F R F J N A C B D J T C K C H K T
  L T H V X G Z F T T G N F Y D D B F C E H I Y C E Z Z
  P I W N A           S A T R P V I B B X X C F A A G
  I E R B T           W T O O A B B           H D A R
  E S E Z X           R I O M I Y R           M A P J
  X W V V B           R G T E N R O           W C E Z
  N D O J K           P U H J E U F           N H W A
  P D A J E           L E A A M R O           V E F C
  P J Q X O S B Z S B N N U C Q Y N G       P   C S T L
  K W M L Z F P B L Y B T A H A D S Y           D N C S
  A N X I E T Y E C F O V W E P X A J           I Y H Q
  C I R C U L A T I O N I S S U E S U           E I Y Z
  I M W F Y V T H I S S E N I Z Z I D           M V H N
```

ANXIETY	FOOD SENSITIVITIES	LEAKY GUT	OVERWHELM
CIRCULATION ISSUES	HEADACHES	LOW ENERGY	THINNING HAIR
DIZZINESS	INSOMNIA	MEMORY LOSS	TOOTHACHES
FATIGUE	IRRITABLE BOWEL SYNDROME	MIGRAINES	WEIGHT CONCERNS
FIBROFOG	JOINT PAIN	MUSCLE CRAMPS	WIDESPREAD PAIN

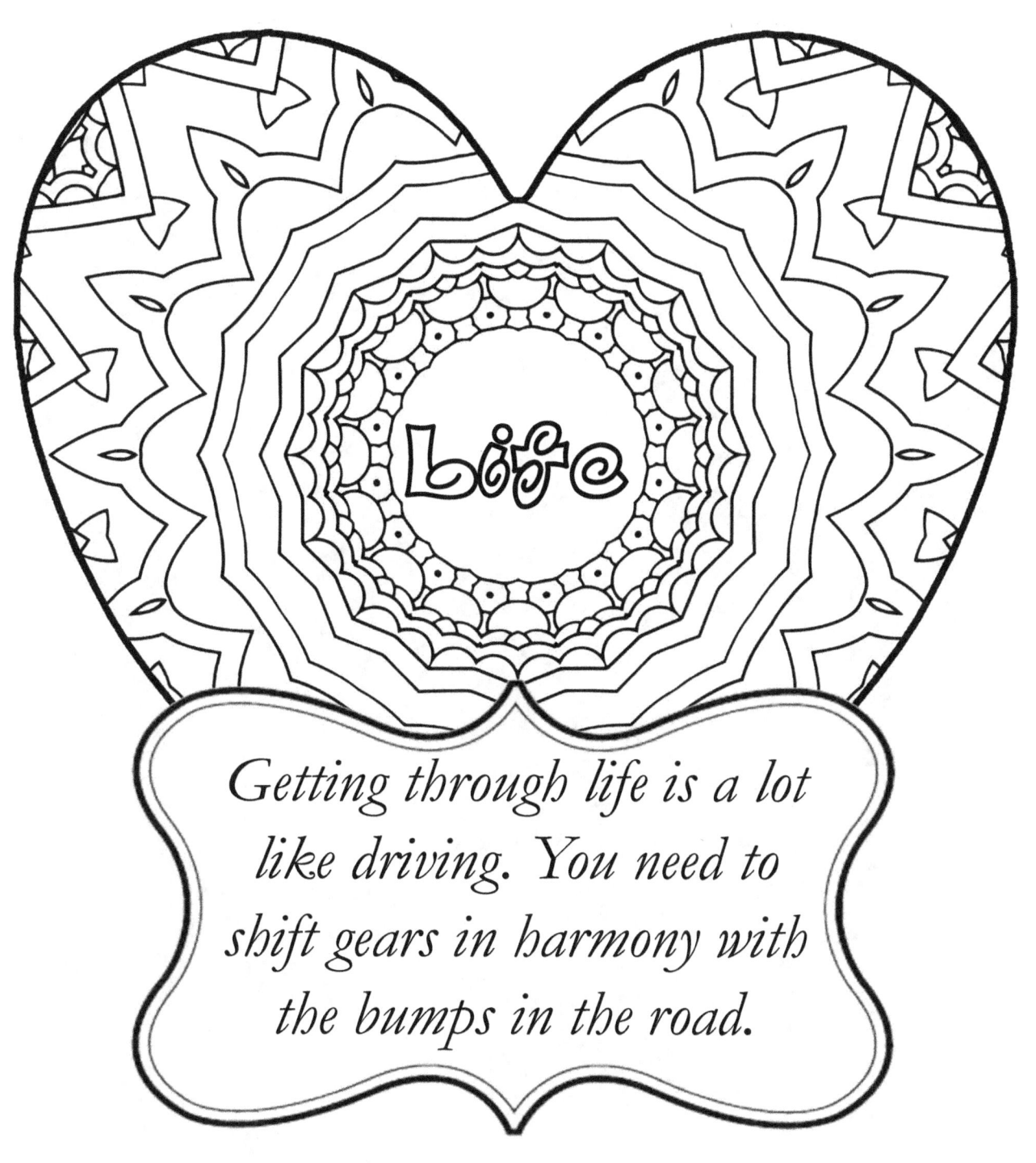

Life

Getting through life is a lot like driving. You need to shift gears in harmony with the bumps in the road.

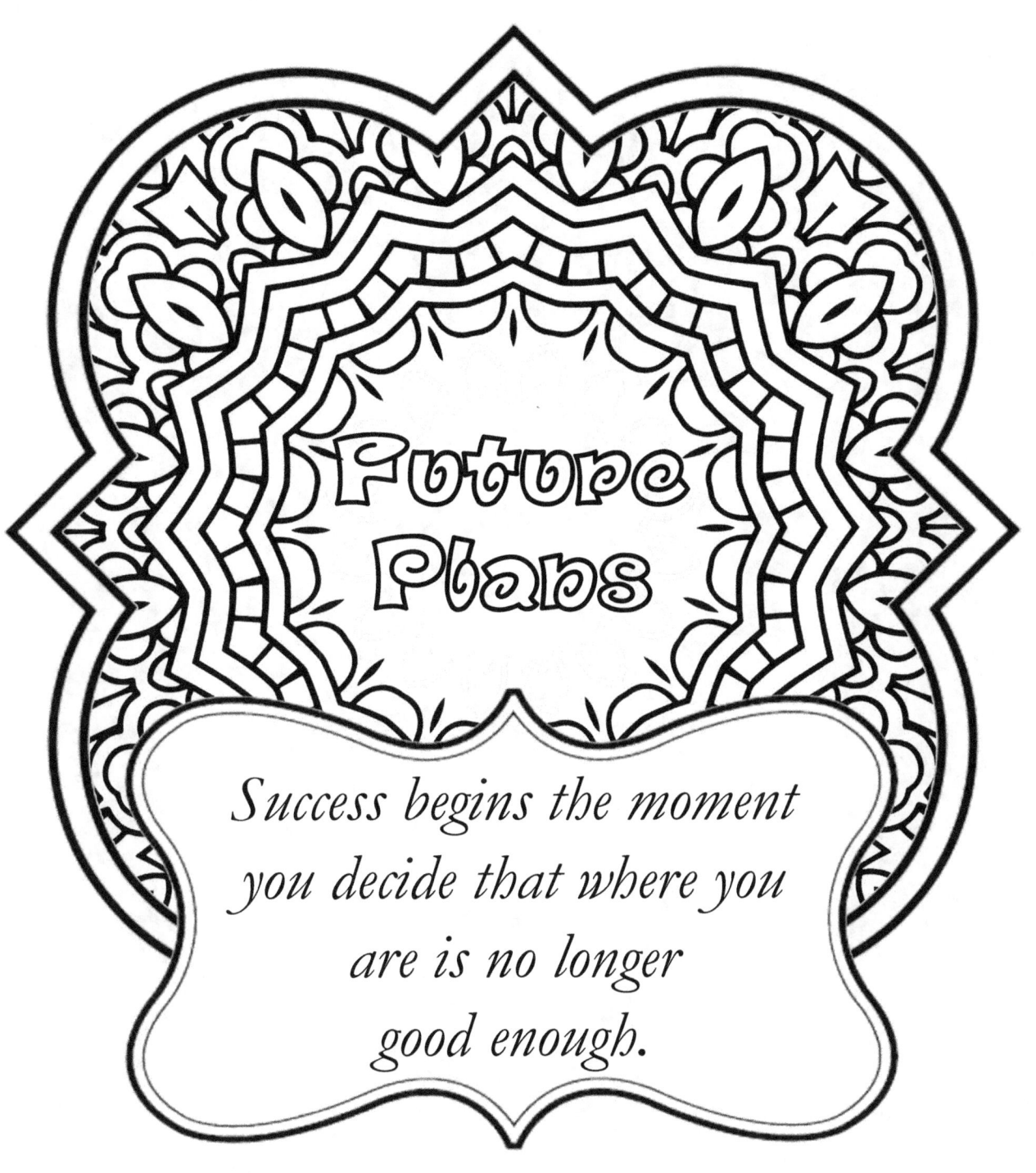

Future Plans

Success begins the moment you decide that where you are is no longer good enough.

Healing with Alternative Treatments

```
                        N K
                        V A
                        Z M
                        T Q
                        H A
E                       Y E S B T I F D                           Q
L U               Y E S B T I F D                               L M
  M S         M I G H R F K F C X A J                         V P
    K B       Y P A R E H T A U Q A H Y H S B           M U
      W C   C Y L A Q L Y C F B S P M I J V T K     N I
        T J W G H G X E U S M Y Y T E X P L D E P R
        C T I O Z E S O S T A Y V S R V X S Z J P K
      P W A N L E S K U A S Q E T A P E V M M A V E Z
      F R W A O B E P C E I M E H C I Y S B N G M M E
    A O R G C I K I V F G N U G R Y M M M S V O O X K R
    S X B N U S K T S U A O S L A U G H T E R Y A L O G
    Z J G I P E N I U N R I I K I R F D T W P E P N W U
C Q K P I F H J P U N A V X C I T C A R P O R I H C Y L H J S X O H Q H
A I C O S B P P P N I T I V T J I T D W G I M Q Z S J E I I I B H E C Y
    U I F A C K U T M I L R H E F E S M B R Y A N S E N
    G U N T T D R C E O D T E E H D T J W J L Z O V M F
    F R H T U E O A D N A U R P M L J T A T Y N S Y D H
      E D F R I P S I A K N A B V C C Q H K P D R A F
      U Z E E L A S T L U C P R D Z S C H Y F T I F Q
      Z W R Z P T E A M R I Y E T I O C H N V G O I M
        H W W P H N T E X T W A Y A V D H I S M G K
        S R N A Y T I D B S W T C S T M L Z L O H E
      I X N H T R I O I T I G H X O A I Q D N E M N O
    J T       T U P F N C P L V I I D G X U G A I     M Y
    C W         G P U Y I F O M N R L I I C M T       K T
  N A             C S N B H M G K E Z A J             C T
  J                 E U D J B O L S                     Q
                        T S
                        P G
                        J U
                        L W
                        Y L
```

ACUPUNCTURE	EFT TAPPING	HYPNOSIS	PETS
APPLIED KINESIOLOGY	FITNESS ACTIVITIES	LAUGHTER	QIGONG
AQUA THERAPY	FUNCTIONAL MEDICINE	MEDITATION	STRESS RELIEF
CHIROPRACTIC	HEALTH COACH	MUSIC THERAPY	TAI CHI
DEEP BREATHING	HOLISTIC NUTRITIONIST	NATUROPATHY	YOGA

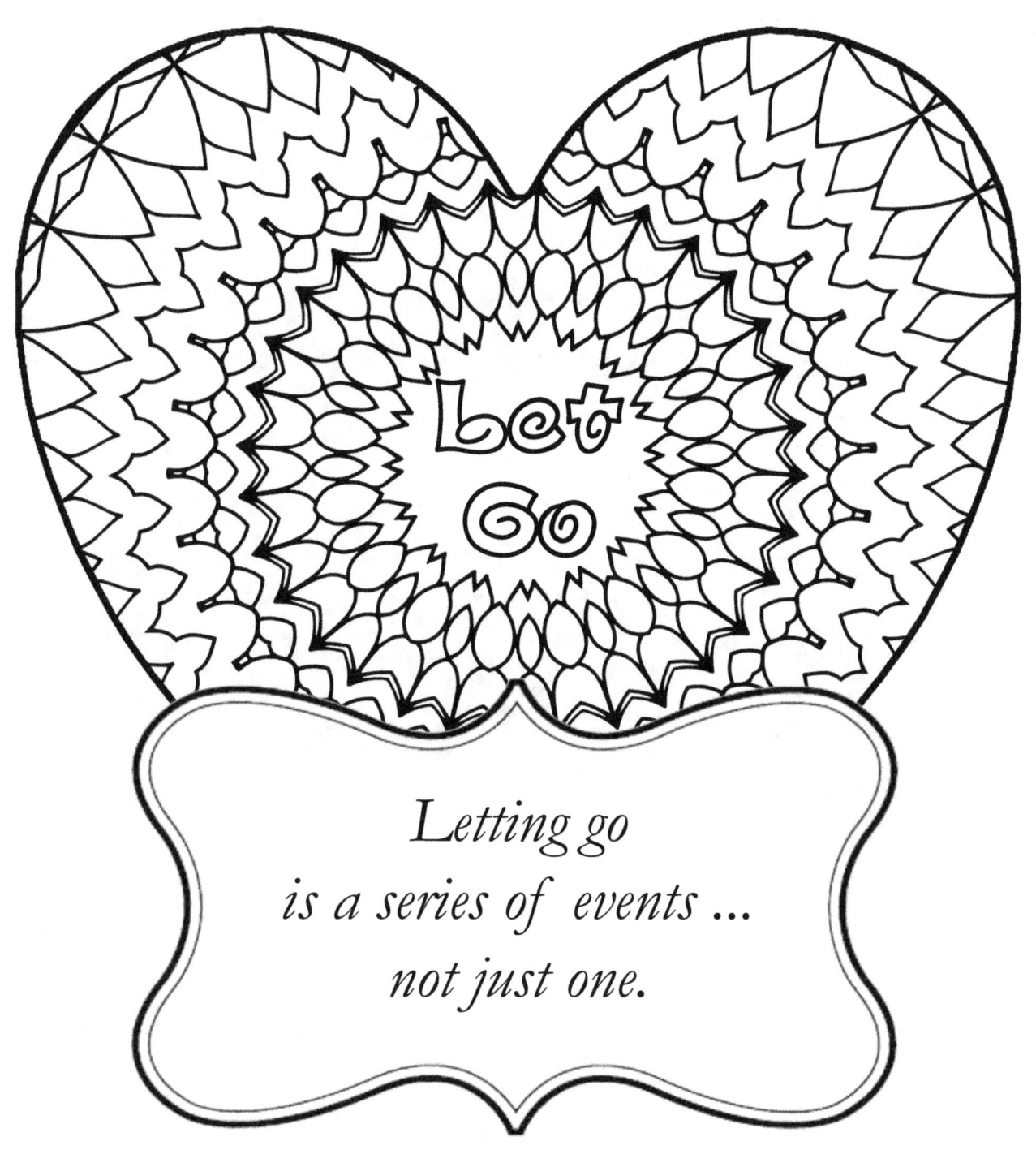

Let Go

Letting go
is a series of events ...
not just one.

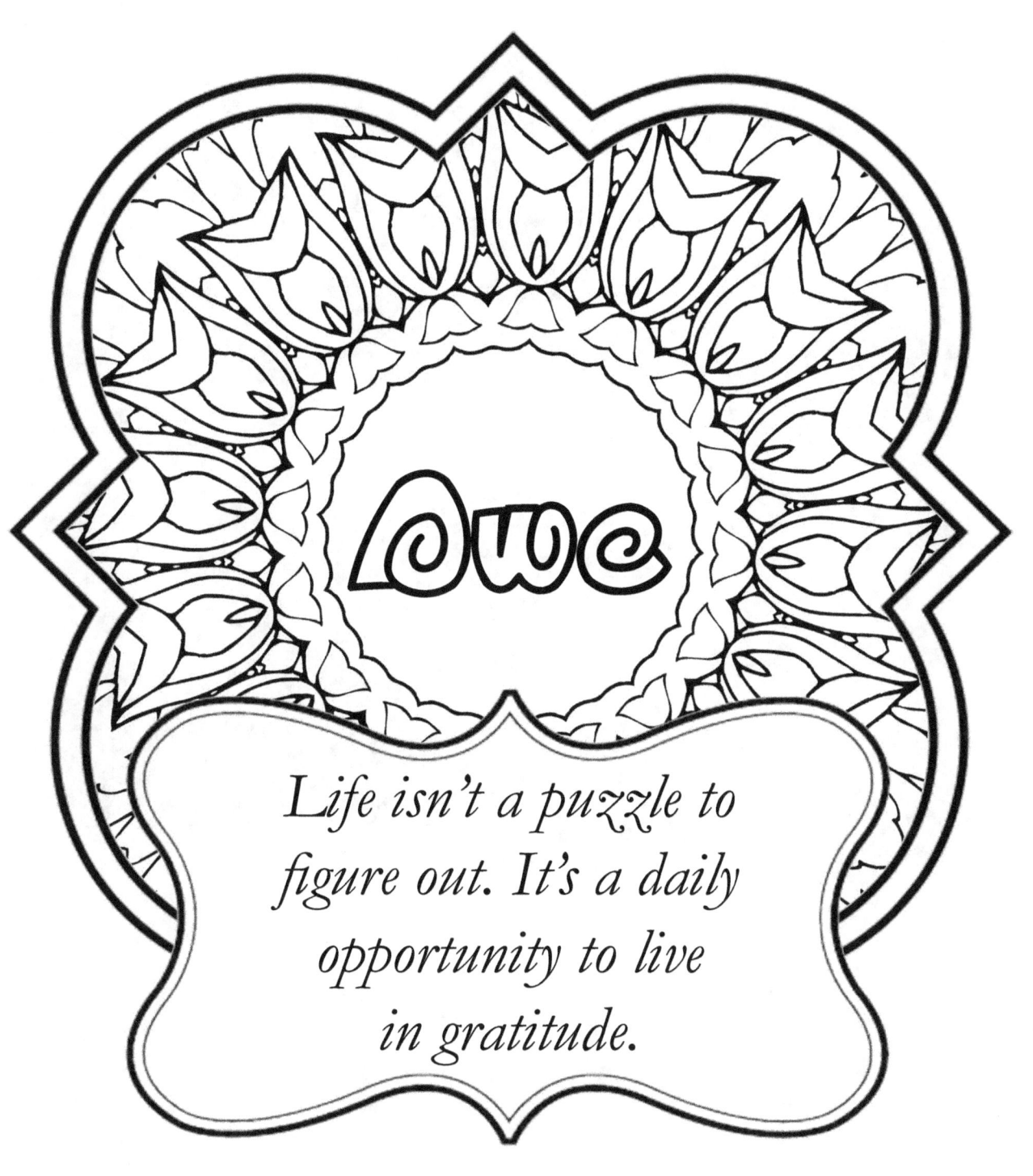

Awe

Life isn't a puzzle to figure out. It's a daily opportunity to live in gratitude.

Healing with Body Movement

```
                        N
                  G     R
                  E  Z  H
                  M V B R X
                  Z A H S I N
                J K S L U S U A
                K S I U E J D W U A
                K N E W J C P Q I G A
              C N M P X N S Z T N M G H
              E O D P Y V V K I K N M S N
            T M R T E Y T D N J I C E I A C
            Z D B P R U R I I I I S X Z N A Z
          O D G O B D E A D K H I N I Z I G N S
          K D O W Q X R S S A C C O K G I P E Q J
        M D H Q E A T B Y I R G E I F H D D D X O
        M A T D U L L R J E S W E M A C L Z H C K L J
      F L Z O W A R T K X N Z T R K Y T U X S L Y C N C
      U Z D I V A N M E I P T Y A U A D E L E T W H L F U
    H K R M R K U U C G M N U D N N L I Y W W X R N J G E N
    P L I E S O F I V R D I G Y A C C H X R E T A E D A N N D
  L Z A T D C Y R R E B O U N D I N G E X Y W J M R T I U I M O
  F F N L S V T B M S G J X O Q E D P M B C A C Z G J C L A F V P
  H K I H S B E I I S B N O I G O N G X O Q A T O K M W L H C B L Q U
  I F Z O D M K F Q X O G K Z X U T S R T P R N U Q V W O F I T L O F N
X L D R Z O I M J L R J L F X M B E D F F T S J D U N N L G X N C W G F C
F A C H S N K N M K V A Z X O Y L W U J D Z I C E S J Y D H S N G W A I E P
G G E E I G B A T Y M O D E R A T E H I K I N G M Z Q D L F X Y J G W U L D R K
                        X
                        Z
                        J
  D T P D V R E N T R A P Y T I L I B A T N U O C C A I E U I Y Q W Z Y T B I H S
  N O E N I W Y G K N Q A G P E A R I U M J E P I M L J Z M K P B J F T Y J G
  B I Z P A L N K G O U U S N Y Q U S T L A N P S V N U U K V K F J M X P N W
  N M L B K N A N C C Y N D P Q U O G E L M N A Y K D O E V Y U K C U I Y
  J P O H R J Z D U U H R E S T O R A T I V E Y O G A I A J Z U F U C T W
  D P C R W U S Y P A R E H T A U Q A G N G D S P I R C X F E H N H S
  Y V V Y O W M J Z B L L B K N P Y W L I E L B V S G T Z T P P A T T W
  L N F U P T W S Y U P U X P K Z L I U F R U N M A B F P D U P H
  P Y I I O S D D A T F H G C E G L T S A N S J Y I O S V N N Q I
```

ACCOUNTABILITY PARTNER	GOLFING	QIGONG	SWIMMING
AQUA THERAPY	HULA HOOP	REBOUNDING	TAI CHI
BIKING	INTERVAL TRAINING	RESISTANCE BANDS	TENNIS
CROSS COUNTRY SKIING	ISOMETRIC EXERCISES	RESTORATIVE YOGA	T TAPP
DANCING	MODERATE HIKING	STRETCHING	WALKING

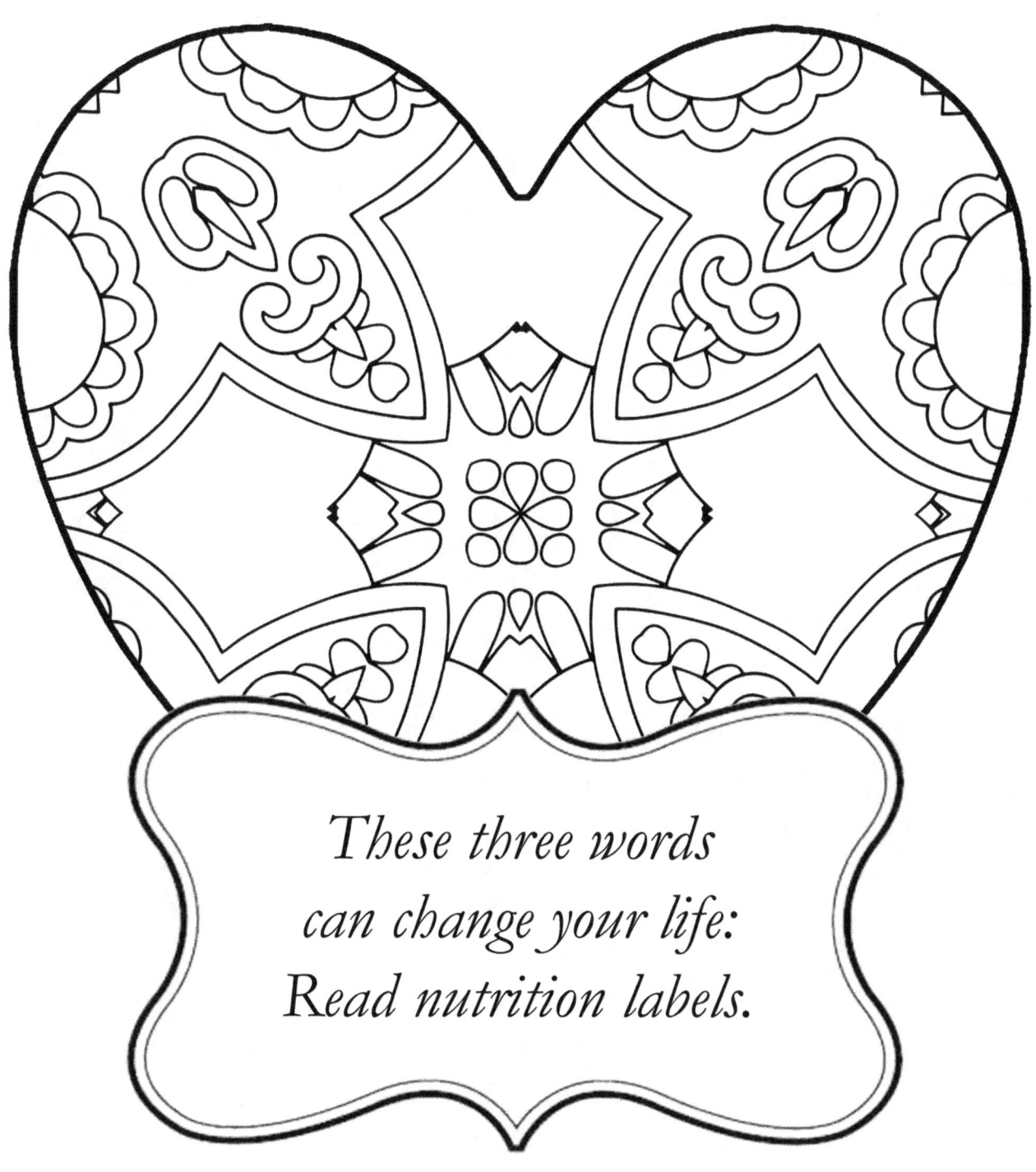

These three words
can change your life:
Read nutrition labels.

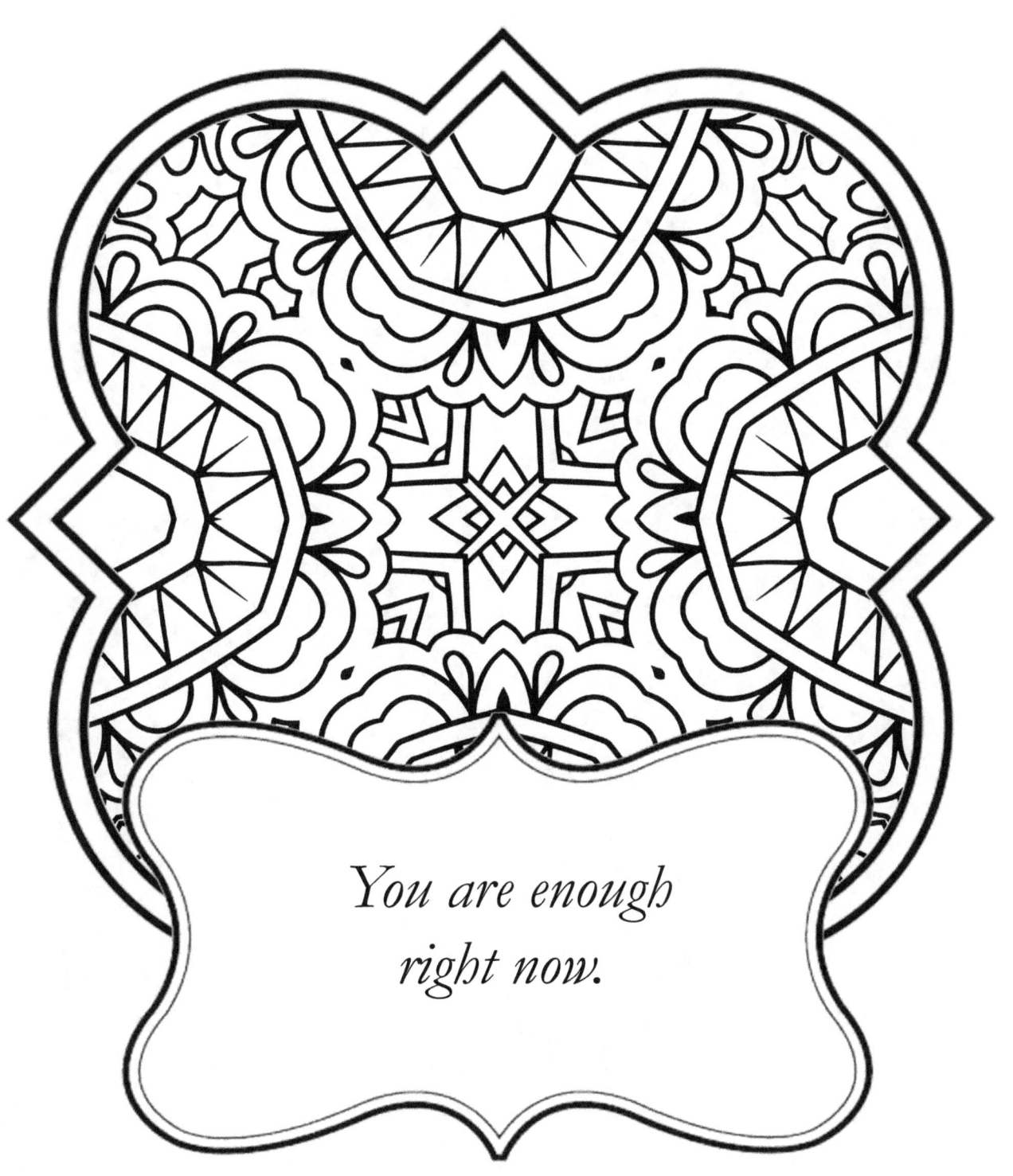

You are enough
right now.

Healing with Macronutrients and Micronutrients

```
                        H
                        N
                        R
                      W X S
                      G M A
                      F E C
                    Y H V D L
                    P E L Y O
                    K A V F R
                  S H L D C E D
                  G G T E A F V
                  M E H N L I Q
                A F E Y S C C B V
                R I Q P J I L P H
                L S J R L U A H E
      F X C H B E A M U U V W K X T X H J O R M C H A T F I L T E R E D W A T E R Q
      N F V H T X P E C T S J H S I O U T M W E W L R A N T I O X I D A N T S M
      B R W G I K N X W I Y V P I L E U U L M T A D M T F O L A T E W N
        F I F S P U K A T P H W L D I X V O U H W Q E S E N A G N A M
          I F W L E M C L Y M G S C N N Q H I Y V W O C K E C U R R
          Z N I M Y Q J L T G Q S G D C S C H W P W U D B S
          N L T H Q Q F G K F T G D G E A M Y N O V L Y
            D Q X V K P M C C L T J K N R T L I Z H D
            H I C X O A P I A E A G B V R M F
            H T M W T T Z C I D A O H I A
            Q G H U Q A G F M D M H E B L
            E P N A I V S A H Y P Y A O A
            M I A T A N C S K Y Z D L F B
          S Y W V H W E E X I K Z R T L O M
          T Z Q F F R W S L G U G A H A C Z
          G N C P O B Y J Q E T M T Y V L F
          E S E C L J F L X   R S U E F I Y U K
          N X O A R N Z       A T S A N H Y P
          I I C X L X         V T B T A A
          E D W T D W         S Z E G L Z
          U O U J R           L M Z E I
          O I F               D X N
      A X P                   Z C K
      G C                     Y A
      J                       C
```

ACEROLA	FILTERED WATER	HEALTHY PROTEINS	POTASSIUM
ANTIOXIDANTS	FISH OILS	IODINE	RIBOFLAVIN
CALCIUM	FOLATE	MAGNESIUM	SELENIUM
CHOLECALCIFEROL	HEALTHY CARBOHYDRATES	MANGANESE	THIAMIN
COENZYME Q	HEALTHY FATS	METHYLCOBALAMIN	ZINC

Puzzle Answer Key

Healing with Positivity

Healing with Super Foods

Healing with Veggies and Roots

Healing with Healthy Fats, Nuts, and Seeds

Puzzle Answer Key (Continued)

Healing with Essential Oils

Healing with Self-Care

Healing with Chronic Illness Symptoms

Healing with Alternative Treatments

Puzzle Answer Key (Continued)

Healing with Body Movement

Healing with Macronutrients and Micronutrients

Acknowledgements....

I'd like to take this opportunity to acknowledge those who helped to make this book a reality. I'll keep it simple since there are just two.

The first is my dear friend, Fawn Ornelas. Her graciousness in working with me to help with the graphic design, layout, feedback, and numerous artistic touches has proven instrumental in getting this book into your hands.

The second, is YOU.

If you've read my book, *FibroWHYalgia*, my blogs, articles, and posts on social media, then you're part of the Rebuilding Wellness community. Through our interactions, you've encouraged me, made suggestions, and shared your personal frustrations in healing from chronic illness.

Because of you, I felt the nudge to create this book. And, your supportive role will thereby help others along the way.

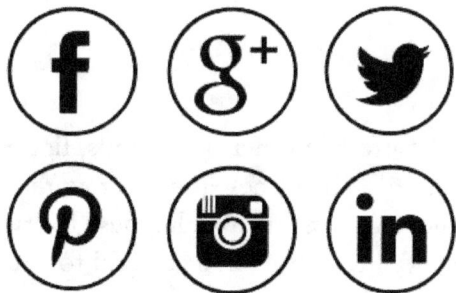

You can find Sue's social media connections at http://RebuildingWellness.com.

About the Author....

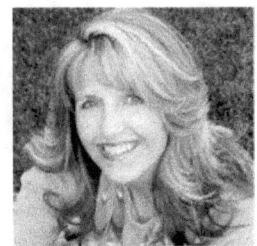 Sue Ingebretson is an author, speaker, workshop leader, and practitioner. She's a Certified Nutritional Therapist, Certified Integrative Nutrition Coach, a Certified Success Coach, A Certified EFT practitioner, and a Master NLP and Hypnosis practitioner. She's also the Fibromyalgia Editor and frequent contributor for ProHealth.com.

Her #1 Amazon bestselling book, *FibroWHYalgia* details her journey from chronic illness to chronic wellness. She spreads the word of health and healing by working with individuals as well as teaching workshops in local hospitals, churches, schools, and universities.

She's been featured twice in *FIRST for Women magazine*, and on the nationally syndicated health TV program, *Know the Cause!*, and on KABC radio. Her writing has appeared in various print and online publications. She has authored many books for Playbooks, Inc., a children's publisher of instructional classroom books. Her book *Fabulous Food Detectives*, teaches students to read food labels and discern the difference between whole and packaged foods.

As a self-proclaimed social media geek, Sue posts news and encouragements geared to promote positive lifestyle changes and healthy living on Facebook, Twitter, Pinterest, LinkedIn, Google +, and Instagram. More information on her book, blog, and services can be found on her website at http://RebuildingWellness.com.

About Rebuilding Wellness....

Sue's life was out of control. She suffered from more symptoms that she could even list. She saw more than a dozen doctors who prescribed double that number of prescriptions.

She tried them all.

Finding no solutions, she took matters into her own hands, figuring it out herself. Applying holistic healing and natural methods, she discovered what works best with the greatest economy and efficiency. It took time, tenacity, and a willingness to try new things to transform from chronic illness to chronic wellness. But she's grateful for the lessons learned.

Today, Sue encourages others to do the same - without the difficulties of going it alone. Seeded with light-hearted humor and support, she leads others (mostly women) through a step-by-step protocol designed to help them leave limiting symptoms behind and move toward a healthier and happier lifestyle. Want to learn more? Contact her here: http://RebuildingWellness.com/contact.

About the Graphic Artist....

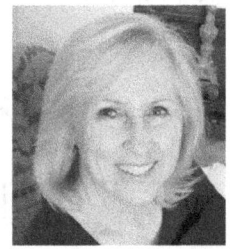

Fawn Ornelas, water colorist and graphic artist specializes in capturing the beauty she sees in everyday life. From a vibrant sunrise to a single flower along a busy sidewalk, to a child reaching up to hold an adult hand to help them along their way; she finds beauty in the simple things.

Fawn believes in God, inner peace, honesty, and has great passion for life. She is fascinated in making the invisible visible.

She is dedicated to living her life aligned with her core values of creativity, spirituality, inner harmony, integrity, and freedom.

Fawn's art has won several awards from the Orange Art Association and has been selected for several prestigious juried shows including the *Orange Open* held annually at Chapman University in Orange, California.

For more information on her art contact her at ArtbyFawn@gmail.com.

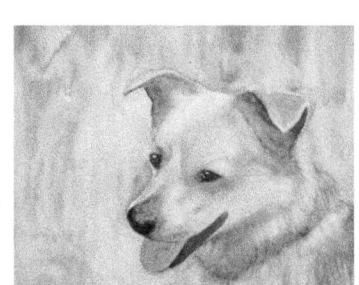
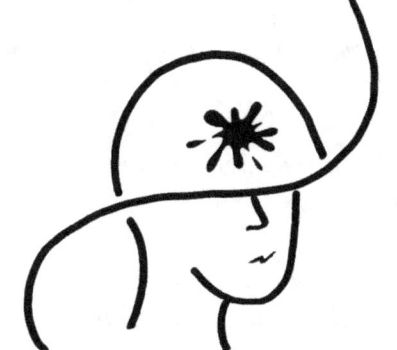
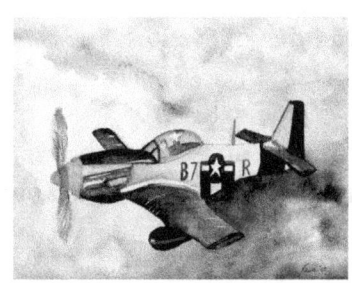

Art by Fawn

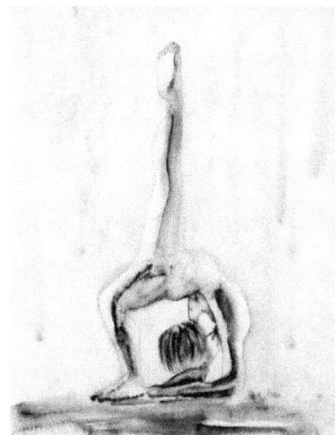
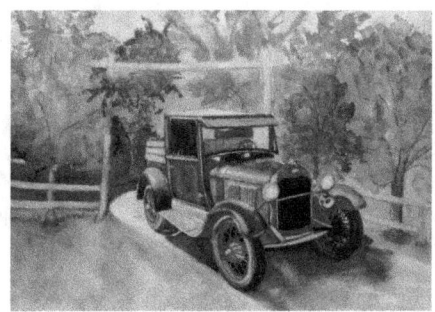
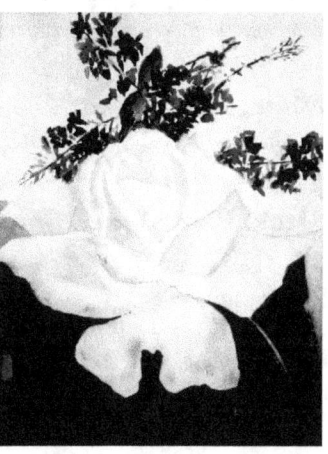

About Color Psychology....

Have you ever heard of color psychology? Your use of a variety of colors has a lot to say about you, your personality, and what you wish to communicate. Colors evoke mood, emotions, and attitudes.

Generally speaking, the basic colors of the rainbow fit into one of two categories:

WARM COLORS	COOL COLORS
Red	Blue
Orange	Purple
Yellow	Green

Positive Characteristics of Colors
(Many overlap, especially in color "families" where colors are blended.)

Shades of Red: *Energy, strength, power, determination, passion, desire, love, metabolism, visibility, courage, energy, friendship, excitement, bold, youth*

Shades of Orange: *Joy, sunshine, enthusiasm, happiness, creativity, determination, success, encouragement, friendliness, cheerfulness, confidence*

Shades of Yellow: *Joy, sunshine, intellect, happiness, appetite, cheerfulness, honor, leisure, freshness, spontaneity, mellow, optimism, warmth*

Shades of Green: *Nature, growth, harmony, freshness, safety, security, peaceful, health, healing, protection, rest, stability, endurance, experience, hope*

Shades of Blue: *Depth, stability, trust, wisdom, confidence, intelligence, faith, truth, sky, sea, heaven, experience, sincerity, tranquility, calm, cleanliness, consciousness, precision, health, healing, softness, knowledge, power, integrity, dependable, strength*

Shades of Purple: *Royalty, power, nobility, luxury, ambition, wealth, extravagance, wisdom, dignity, independence, creativity, mystery, rarity, romance, nostalgia, imagination*

White: *Light, goodness, innocence, purity, perfection, positivity, faith, cleanliness, simplicity, charity, safety, balance, calm, neutrality*

Black: *Power, elegance, formality, mystery, strength, authority, prestige, clarity*

References:
https://www.verywell.com/color-psychology-2795824
http://www.color-wheel-pro.com/color-meaning.html
https://www.bustle.com/articles/15986-what-your-favorite-color-says-about-you-4-ways-color-influences-your-life

www.ingramcontent.com/pod-product-compliance
Lightning Source LLC
Chambersburg PA
CBHW080821170526
45158CB00009B/2492